Torre Pellice 05/08/19

All[illegible]

G[illegible] [illegible] [illegible] [illegible]za
tanto il cammino e
la bellezza!
con tanto amore!
Stella

MARC LESTAL

KIN-HIN
Meditare camminando

Traduzione di Claudine Turla

VALLARDI

Antonio Vallardi Editore s.u.r.l.
Gruppo editoriale Mauri Spagnol
www.vallardi.it

Per essere informato sulle novità del Gruppo editoriale Mauri Spagnol visita:
www.illibraio.it

Titolo originale: *Éloge de la marche tranquille*

Éditions Lanore
François-Xavier Sorlot, éditeur
6 rue de Vaugirard, 75006 Paris
www.fernand-lanore.com

In copertina: *Walking in the Woods* di Nguyen Minh Phuoc
Courtesy of Toriizaka Art

Ristampe 7 6 5 4 3 2 1 0
2021 2020 2019 2018

ISBN 978-88-6987-573-1

Sommario

Non smettere mai di cercare,
anche se tutto è già noto...
Non smettere mai di amare,
anche se tutto ti ha deluso...
Non smettere mai di pregare,
anche se nessuno risponde...
La strada che conduce a una meta
non è la vera strada.
L'amore che rende felici
non è il grande Amore.
E la preghiera dell'affamato scava
ancora più a fondo l'anima vuota.
Cerca senza sosta.
Ama senza limiti.
Diventa uno con il Miracoloso...
E non aspettarti niente.
Non sperare in qualcosa,
non desiderare nulla...
Semplicemente cammina,
cammina senza fermarti,
passo dopo passo.
La melodia divina si sgrana da sola...
Nel rosario traslucido della vita quotidiana.

DANE RUDHYAR

INTRODUZIONE

L'ambizione di questo libro è mostrarvi sotto una luce nuova l'atto di camminare, non più come un gesto scontato o come un semplice modo per muoversi, ma come un'eccezionale occasione per meditare.
Diversamente da quando camminiamo per andare da qualche parte, per fare attività fisica o per il semplice gusto di passeggiare, meditare camminando può insegnarci a costruire un nuovo rapporto con noi stessi.
La camminata meditativa non ha né una meta né uno scopo preciso; va assaporata nel presente, senza porsi obiettivi.
Mettere un piede davanti all'altro, semplicemente, significa entrare in sintonia profonda con il presente, il luogo in cui tutto accade e in cui ogni cosa è perfetta.
Significa inoltre recuperare una certa forma di semplicità, virtù fondamentale per accedere alla parte più profonda di sé.
Camminare significa anche coinvolgere il corpo in questa ricerca, e scegliere di dedicare tempo a conoscerlo meglio.
Significa apprezzare la gioia della lentezza e del raccoglimento.
Significa andare da qualche parte, ma anche essere in cammino.

Significa aprirsi al mondo e accettare le cose così come sono, senza filtri.
Significa concedersi un'occasione impareggiabile per scoprire la natura e lasciarsi ispirare da essa.
Camminare con consapevolezza, infine, significa andare alla ricerca di se stessi. Scoprire la propria vera natura. È come partire per un pellegrinaggio alla riconquista della propria anima.

STRADA FACENDO...

Gli antichi greci insegnavano passeggiando; i monaci, nei chiostri dei monasteri, associavano (e continuano ad associare) la preghiera all'atto di camminare. Da sempre, pellegrinaggi e lunghe camminate inducono gli uomini alla meditazione. Poeti e artisti hanno sempre amato camminare, perdersi nella semplicità di questo gesto capace di riempire il corpo e liberare la mente.

Kant adorava passeggiare nei giardini di Königsberg; il giovane Rousseau non esitava a spostarsi a piedi, da Annecy a Torino, da Parigi a Chambéry. Nietzsche amava le escursioni sulle alte montagne dell'Engadina, mentre Thoreau usciva ogni giorno per andare a fare una passeggiata nei boschi.

E tutti noi esseri umani abbiamo mosso i primi «passi» scalciando sotto la nostra morbida copertina, ancora comodamente sdraiati nella culla. In seguito, seguendo l'esempio dei nostri cugini, i mammiferi quadrupedi, gattonando abbiamo iniziato a esplorare il mondo: prima il nostro box, poi il salotto e infine ogni angolo della casa. Quindi, forti del nostro status di ominidi e spronati dalle pressanti insistenze dei nostri genitori, verso l'età di un anno ci siamo fieramente sollevati sulle zampe posteriori e abbiamo cominciato a camminare. Da allora, abbiamo percorso molti più chilometri di quanti potrebbe farne il motore di un'automobile.

Ora camminiamo senza nemmeno rendercene conto. È diventato un gesto così naturale che non ci chiediamo neppure più «quale piede devo muovere?». Questo movimento perfettamente automatico richiede ormai solo una piccolissima parte della nostra attenzione, quanto basta per badare a dove stiamo appoggiando i piedi. È per questo che la camminata può rivelarsi un sostegno ideale per la meditazione. Proprio così: non è necessario essere immobili, si può benissimo meditare anche in movimento.

La maggior parte delle volte, tuttavia, ci mettiamo in cammino spinti da un obiettivo preciso e dalla volontà di arrivare da qualche parte, e quindi non riusciamo ad apprezzare ciò che il presente ha da offrirci nell'istante in cui compiamo ogni singolo passo.

E se invece provassimo a camminare nel più semplice dei modi, a camminare per il semplice piacere di farlo, concentrandoci sui nostri movimenti? Davanti a noi potrebbe aprirsi una nuova strada, un meraviglioso percorso verso la meditazione. Passo dopo passo, potremmo scoprire una moltitudine di sensazioni rimaste finora sepolte sotto il peso delle nostre agende sempre troppo cariche di impegni.

Riuscirci è facilissimo: dovremo soltanto dimenticare gli altri obiettivi e limitarci a camminare. Camminare e basta, per accrescere la nostra consapevolezza e scoprire che, più della meta, ciò che conta è il percorso.

LA STRADA È SOTTO I NOSTRI PIEDI

Il semplice fatto di decidere di fare una passeggiata in mezzo alla natura significa spezzare per un po' il ritmo della quotidianità. È solo il primo passo, ma è un primo passo importantissimo. L'ideale sarebbe che fosse un'iniziativa spontanea, presa in risposta a un bisogno interiore, ma all'inizio è probabile che non sia così. Quindi dovrà trattarsi di una scelta intenzionale, ma non solo: dovremo anche stare molto attenti alle mille scuse che inventeremo per rimandare questo primo importante passo. Sebbene l'unica cosa da fare sia indossare un paio di scarpe comode e uscire di casa, sarà proprio questo a trattenerci. Quando l'avremo fatto, saremo già a metà dell'opera. Una volta in cammino, non ci resterà che focalizzarci su noi stessi con la massima naturalezza e abbracciare una forma di semplicità che ci consentirà di vivere ogni passo liberi dai pesi che ci opprimono. Proprio in virtù della lentezza dei movimenti, camminare è un mezzo straordinario per scoprire l'ambiente che ci circonda e comprenderne appieno il significato. Grazie al ritmo lento, possiamo cogliere una serie di aspetti che nella quotidianità tendono a sfuggirci. Tra i più importanti:

- il nostro legame con lo spazio e con il tempo;
- il rapporto con noi stessi e con il nostro corpo;
- il nostro modo di affrontare la vita.

La lentezza ci permette inoltre di stabilire un legame più autentico con l'ambiente che ci circonda e di attingere in profondità alla più straordinaria fonte d'ispirazione di cui disponiamo: la natura.
Concentrare l'attenzione sul nostro corpo in movimento ci consentirà di riscoprire il nostro respiro e i nostri sensi, riportandoci nel presente. In questo modo, corpo e mente potranno unirsi per offrirci ciò che tutti noi cerchiamo: la pace e la gioia del divenire.
Ma, al di là dell'universo sensoriale, la camminata meditativa instaura anche il silenzio necessario all'incontro con se stessi. La riscoperta del presente ci condurrà nell'unico luogo in cui possiamo sentirci autenticamente bene, quello in cui possiamo comunicare direttamente con il nostro io profondo.
Camminare con consapevolezza significa addentrarsi nell'intimità dell'esistenza, penetrare la realtà vera delle cose, e non quella deformata dai nostri filtri mentali. Significa scoprire il mondo così com'è e così come esso si presenta a noi, in uno stato di pura contemplazione che, inevitabilmente, ci riconduce alla nostra natura più autentica.
Osservare con la giusta distanza ciò che è, partecipare al ritmo dell'universo, fondersi con la natura, sentire pulsare il polmone della vita, vivere consapevolmente ogni cosa, sentirsi parte di un tutto: forse la spiritualità è proprio questo.

I BENEFICI DEL CAMMINARE

I benefici per il corpo

Una mente sana in un corpo sano!
La nostra società ha smesso di camminare. Un terzo della popolazione cammina per meno di trenta minuti al giorno. Ed è un vero peccato, perché dietro un'azione normalissima come camminare si nasconde un'enorme quantità di benefici di cui tutti noi potremmo godere ogni giorno. Tutti, persino i più pigri.
Per chi non ama lo sport, non c'è niente di meglio che passeggiare. Troppo spesso, gli sport «brucia-calorie» tendono a farci sottovalutare i pregi di quest'attività. Eppure, camminare per mezz'ora al giorno è un'abitudine fortemente raccomandata dal Ministero della Salute, molto attento alla spesa pubblica, soprattutto a quella legata alle nostre condizioni di salute. In altri termini, camminare può ridurre considerevolmente l'incidenza di alcune patologie molto gravose per le casse dello Stato!
Una passeggiata a velocità normale raggiunge in media i quattro chilometri all'ora, mentre una camminata a passo veloce arriva attorno ai sei. Sentitevi liberi di scegliere il ritmo che preferite. Qualcuno sarà più a suo agio camminando a una velocità che si avvicina a quella della cor-

sa, altri invece preferiranno ritmi decisamente più lenti. In ogni caso, camminare aumenta in modo sensibile il ritmo cardiaco e la temperatura corporea (sudorazione). Una camminata a passo veloce sarà senz'altro più stimolante sotto l'aspetto cardiovascolare e brucerà più calorie rispetto a una normale passeggiata. Comunque sia, camminare è il modo ideale per allenare il fisico senza praticare uno sport troppo usurante.
Passeggiare permette a chiunque sia in salute di sgranchire un corpo che, troppo spesso, passa le giornate a poltrire davanti a una scrivania. È un'attività che aiuta a perdere peso e produce effetti eccezionali sulla forma fisica. Contrasta la comparsa del diabete e può persino contribuire a prevenire alcune patologie come le malattie cardiovascolari e dell'apparato respiratorio e certi tipi di cancro. Inoltre, previene l'osteoporosi fortificando le ossa, aumenta l'agilità del corpo e migliora la qualità del sonno.
Passeggiare per mezz'ora o un'ora al giorno, dunque, riduce notevolmente l'incidenza di alcune patologie. Secondo alcuni studi scientifici, camminare diminuisce del 60 per cento il rischio di ammalarsi di cancro al colon, del 50 per cento quello di contrarre malattie cardiovascolari e, nelle donne, riduce del 50 per cento il rischio di fratturarsi il collo del femore. Sarebbe un vero peccato rinunciare a tutti questi benefici, sapendo che tale sport non richiede altro che un paio di scarpe buone e uno sforzo fisico alla portata persino dei più scansafatiche!

Inoltre – e senza voler fare gli ambientalisti – camminare non inquina! In Francia, nel 25 per cento dei casi prendiamo l'auto per compiere spostamenti di meno di un chilometro. E poiché sappiamo che il motore di un'auto consuma da dieci a quindici volte di più percorrendo i primi chilometri, forse è davvero il caso di chiederci quale sia il mezzo di locomozione più opportuno!

I benefici per la mente

Camminare stimola le funzioni cerebrali e può contribuire a prevenire la depressione. Secondo alcuni studi, una camminata di un quarto d'ora è molto più efficace di un tranquillante per combattere l'ansia e lo stress. Persino una normale passeggiata senza meditazione aiuta a liberare la mente. Il semplice fatto di camminare aiuta a creare il vuoto dentro di sé e a ritemprare la mente. Passeggiare in mezzo alla natura – cosa che raccomando vivamente – moltiplica l'effetto di rilassamento. Non c'è niente di meglio di un bosco, di una spiaggia o di qualunque altro ambiente naturale per rigenerarsi. Anche se non sempre ce ne rendiamo conto, la natura ci rilassa, ci fa sentire liberi e ci ispira.
Come qualunque altra attività fisica, la camminata libera endorfine nel nostro cervello. Queste sostanze, comunemente chiamate «ormoni del benessere», alleviano il dolore e donano una sensazione di rilassamento. L'effetto che producono è descritto dagli atleti come uno

stato di euforia, spiritualità, potenza, grazia, perfezione e sospensione quasi irreale... insomma, di estasi. Tale stato persiste per un tempo che va da qualche minuto ad alcune ore dopo l'interruzione dell'attività sportiva.
Nel caso della camminata gli effetti sono minori, poiché la quantità di endorfine liberate è proporzionale all'intensità dello sforzo fisico sostenuto. Ovviamente, un maratoneta svilupperà una quantità maggiore di endorfine rispetto a chi fa una passeggiata in montagna, e il loro effetto dipenderà sostanzialmente dalla durata dello sforzo fisico (da trenta a sessanta minuti, in base al tipo di attività).
Produrre questi ormoni ci fa sentire bene e, anche se il loro effetto non dura più di qualche ora, è pur sempre meglio di niente, no? Ma non bisogna dimenticare che, come accade per i farmaci, questi benefici sono solo un supporto temporaneo. Si può essere dipendenti dalle endorfine prodotte dall'attività sportiva così come dagli ansiolitici. Perciò, se da un lato sono un rimedio molto efficace contro lo stress passeggero, per curare i disagi più radicati occorrerà affrontare un lavoro più profondo e a lungo termine.
Al di là delle virtù analizzate dagli scienziati, camminare può dare accesso anche a un benessere più duraturo. Meglio una felicità solida e tranquilla che dura nel tempo piuttosto che uno stato di euforia incontenibile ed effimera. Passeggiare per mezz'ora o un'ora ogni giorno, o quasi, sarà sufficiente per conquistare questa serenità d'animo.

Qualunque sia l'approccio che sceglieremo, camminare ci consentirà di rilassarci e sentirci sereni. È impossibile tornare da una passeggiata più stressati di prima. E anche se ogni tanto può essere piacevole camminare nei boschi, non dobbiamo dimenticare che le esperienze più importanti sono quelle fatte nella vita di tutti i giorni. Perché allora non trasformare i nostri spostamenti quotidiani in un momento speciale?

Il vantaggio della camminata è che si può fare in qualunque momento. Quando andiamo al lavoro, oppure a comprare qualcosa... insomma, ogni volta che abbiamo l'occasione di fare due passi da soli. Perciò, cerchiamo di approfittare di questi momenti per camminare consapevolmente e concentrarci sul nostro respiro. Saranno questi piccoli gesti quotidiani e l'attenzione che dedicheremo loro ad aiutarci a ricentrarci e a ritrovare la pace interiore.

Il ritmo regolare dei passi produce un effetto rasserenante, a patto però di staccare davvero la mente e accogliere il momento presente così com'è.

LA MEDITAZIONE

Un po' di storia

Esistono due approcci fondamentali alla meditazione. Il primo consiste nel focalizzare l'attenzione su un fenomeno stabilito prima d'iniziare la seduta. Ad esempio ripetere un mantra, visualizzare mentalmente una o più immagini oppure concentrarsi con grande intensità su un concetto metafisico. Questa forma di meditazione è presente nella tradizione induista, nel Cristianesimo e nell'Islam.

Il secondo affonda le radici nel Buddhismo (vipassana) e nel Taoismo, e predilige una meditazione orientata sull'attenzione alle diverse espressioni del corpo e della mente (mindfulness, o piena consapevolezza). È il tipo di meditazione che riscuote maggior successo in Occidente, sia tra la gente comune sia nell'ambito della medicina (psichiatria) e delle neuroscienze.

L'Occidente ha ignorato a lungo gli insegnamenti degli orientali. Si è dovuto attendere l'Ottocento e il Novecento perché i primi pionieri s'interessassero al Buddhismo e alla meditazione. Tra i più noti, ricordiamo Alexandra David-Néel, Carl Gustav Jung, Martin Heidegger, Aldous Huxley ed Erich Fromm.

Alla fine della Seconda guerra mondiale, i moltissimi

profughi che dalla Cina e dal Giappone si rifugiarono negli Stati Uniti contribuirono alla diffusione del pensiero orientale e delle tecniche di meditazione buddhiste. In seguito, con la Beat Generation e i movimenti New Age, un numero sempre maggiore di occidentali cominciò a interessarsi alle tradizioni orientali. Fu proprio in quegli anni che fecero la loro comparsa i primi spazi dedicati alla meditazione e che si cominciò a parlare di benessere e crescita personale.
Oggi gli insegnamenti del Buddhismo, e in particolare la meditazione, fanno parte della nostra cultura. Non si tratta più di pratiche considerate esotiche o riservate agli adepti di qualche strana religione. Sono entrate a pieno titolo nella nostra quotidianità attraverso discipline come lo yoga, le arti marziali e i percorsi di crescita personale.

La meditazione: l'arte di rinunciare

Il termine meditazione viene spesso utilizzato per indicare genericamente un insieme di tecniche molto diverse tra loro, in cui è quasi inevitabile perdersi. Tra meditazione vipassana, zazen, tantrica, buddhista, cristiana, sufi, trascendentale, da seduti, in piedi, sdraiati, con o senza mantra, non è facile orientarsi!
Esiste tuttavia un principio che accomuna tutti questi approcci: vivere nel presente e riallacciare il legame con il proprio io interiore. E anche se ogni tecnica gli

attribuisce un nome diverso – Sé, anima, io profondo, cuore, Dio –, in fondo si tratta sempre di un viaggio alla conquista di se stessi, per risalire alle radici della propria anima. Solo ristabilendo questo legame profondo potremo aspirare a un benessere duraturo. Non una felicità effimera, ma un senso di pace e di gioia presente in ogni momento della nostra vita, o quasi.

Dovendo darne una definizione, direi che la meditazione è l'arte di accettare di non fare nulla: e vi assicuro che è tutt'altro che facile! L'arte di rinunciare per fare spazio a qualcosa di più grande di sé. Di comprendere e dominare la propria mente, invece di smarrirsi nei suoi mille pensieri e lottare invano contro le sue emozioni. Insomma, di essere un testimone che osserva le espressioni della propria mente senza identificarsi con esse.
Si può dire che tutto comincia ascoltando con attenzione e distacco ciò che siamo, fino ad arrivare a comprendere a fondo ciò che abbiamo dentro e ciò che ci circonda.
Meditare significa anche uscire dalla propria prigione interiore e riconquistare la libertà. Nelson Mandela diceva: «Se non altro, la detenzione offre l'opportunità di lavorare sulla propria condotta, di correggere ciò che c'è di male e di consolidare quel che c'è di buono in ognuno di noi. Meditare regolarmente, diciamo per un quarto d'ora al giorno prima di dormire, può essere molto utile. Può darsi che all'inizio sia difficile identifi-

care gli aspetti negativi della tua vita, ma se ti sforzerai regolarmente sarai ricompensato».

Non dobbiamo aspettare di ritrovarci fisicamente in prigione; se acquisiremo consapevolezza della nostra prigione interiore, comprenderemo a fondo l'urgenza di liberarci attraverso la meditazione.

Quanto alla costanza con cui è giusto affrontare la meditazione, ci basterà ispirarci alle parole di San Francesco di Sales, che nel sedicesimo secolo scriveva: «Bisogna meditare per mezz'ora ogni giorno, tranne quando si è molto impegnati. In quel caso, bisogna meditare per un'ora».

I diversi approcci alla meditazione

Esistono centinaia di tecniche di meditazione. Alcune si focalizzano sulla gestione delle emozioni, altre sulla concentrazione, altre ancora su una dimensione più spirituale. Attiva o passiva, statica o in movimento che sia, lo scopo della meditazione è sempre ritrovare se stessi e riallacciare il legame con la propria interiorità. Sebbene la posizione seduta sia la più diffusa, è sbagliato pensare che meditazione sia sinonimo di immobilità. Il movimento, infatti, è un prezioso alleato. Lo dimostra il fatto che esistono numerosi approcci alla meditazione in cammino: li analizzeremo nelle prossime pagine, in questo modo ognuno potrà farsi un'opinione ed eventualmente approfondire l'argomento.

Ma, prima d'iniziare la nostra rassegna di camminate meditative, vi propongo un breve ma interessante riepilogo delle principali correnti della meditazione orientale e occidentale.
Sono quattro le tecniche più importanti che emergono dalle varie tradizioni:

- la meditazione vipassana;
- la meditazione trascendentale;
- la meditazione zen;
- la mindfulness, o meditazione in piena coscienza.

La meditazione vipassana

È una delle tecniche di meditazione più antiche. Si fonda essenzialmente sul respiro, considerato il mezzo principale per raggiungere e migliorare la concentrazione e l'attenzione. È imperniata sull'osservazione di sé. Più avanti la tratteremo più approfonditamente.

La meditazione trascendentale

Questa tecnica, perfezionata da Maharishi Mahesh Yogi, mira a raggiungere uno stato di profondo rilassamento e a sviluppare la consapevolezza. Il segreto della sua efficacia risiede nella sua estrema semplicità: niente concentrazione, niente sforzi, niente controllo della mente. Si pratica con l'aiuto di un mantra (una breve formula sonora che va ripetuta molte volte secondo un certo ritmo) che permette di raggiungere uno stato di serenità interiore. I mantra vanno recitati per venti minuti due volte al giorno, ad esempio al mattino appena alzati e la sera prima di andare a dormire.

La meditazione zen

Si fonda sull'esperienza immediata e sulla comprensione di ogni cosa nell'attimo presente. Con l'aiuto di alcune tecniche, questo tipo di meditazione mira a modificare la visione della realtà. Permette di acquisire una nuova percezione del mondo e di se stessi attraverso l'osservazione e la riflessione. Il cardine della tradizione zen è la meditazione zazen in posizione seduta, con la sua particolare attenzione alla postura, al respiro e all'apparizione e alla scomparsa dei pensieri. Tutto ciò corrisponde allo Shikantaza: stare semplicemente seduti. Tale pratica permette di rasserenare e liberare la mente e di raggiungere un certo equilibrio interiore. Lo zen consiste nel sedersi o camminare, semplicemente, senza altro fine, il tutto rimanendo fortemente concentrati.

La mindfulness, o meditazione in piena coscienza

Questa forma di meditazione è sempre più diffusa nel mondo occidentale. La sua fama è in gran parte dovuta al lavoro del biologo statunitense Jon Kabat-Zinn, che ha sviluppato diversi programmi di meditazione quali Mindfulness-Based Stress Reduction (MBSR, Riduzione dello stress basata sulla mindfulness) e Mindfulness-

Based Cognitive Therapy (MBCT, Terapia cognitiva basata sulla mindfulness).

Per rendere la meditazione una pratica credibile agli occhi degli occidentali, Jon Kabat-Zinn si è circondato di uomini di scienza. Lui stesso è una figura fondamentale del Mind and Life Institute, fondato su iniziativa di Francisco Varela e del Dalai Lama nel 1991. Da allora, molti illustri scienziati e numerosi monaci buddhisti esperti di meditazione si sono uniti a quest'associazione. L'istituto ha coordinato alcuni programmi di ricerca sugli effetti che la meditazione produce sul corpo e sulla mente, realizzati con strumenti scientifici d'avanguardia. Anche Matthieu Ricard, genetista francese e monaco buddhista di scuola tibetana, ha partecipato a queste ricerche.

La mindfulness s'ispira alla saggezza orientale e ha come obiettivo vivere ogni momento della vita con consapevolezza. È una tecnica alla portata di tutti ed è il modo ideale per avvicinarsi alla meditazione. Essa ci consente di migliorare la concentrazione e di rallentare il flusso incontrollato dei pensieri, insegnandoci a vivere e a osservare le cose nel presente. Questo approccio consiste nel focalizzare l'attenzione su tutte le espressioni del nostro corpo e della nostra mente (sensazioni fisiche, emozioni...) e accoglierle nel presente, senza giudicarle. Grazie alla mindfulness, possiamo raggiungere la piena coscienza di noi stessi e di ciò che ci circonda, liberandoci così dalle reazioni istintive o legate ad automatismi.

Soffermiamoci ora sul concetto di meditazione nella cultura occidentale e cristiana. Quando si parla di meditazione, si tende a pensare a quella praticata in Oriente in seno alle tradizioni buddhista e zen e a tutte le correnti di pensiero a esse legate. Esistono tuttavia delle forme di meditazione cristiana che presentano profonde similitudini con la scuola orientale.
La meditazione cristiana è una pratica antichissima, che risale alle origini del Cristianesimo. Sebbene i fedeli l'abbiano per molto tempo ignorata, ultimamente ha ritrovato il prestigio che merita grazie al crescente successo delle filosofie orientali, che ha risvegliato l'interesse per la crescita personale attraverso la meditazione.
Nel Cristianesimo, «meditazione» è un termine che non allude alla pratica della presenza, bensì a un esercizio intellettuale e spirituale (anche se, nell'ambito di alcune tradizioni oggi dimenticate, il rilassamento e l'immobilità vengono ricercati attraverso la preghiera silenziosa e senza uno scopo preciso, se non quello di percepire la presenza divina).
Il rapporto con la spiritualità, e di conseguenza con la meditazione, si esprime attraverso il raccoglimento, la preghiera o qualunque altra forma di comunione che tenti di stabilire un contatto con un essere onnipotente e onnisciente (Dio). Tali pratiche si basano generalmente sulla lettura dei testi sacri (Bibbia, Salmi...). La meditazione cristiana consiste dunque in una forma di preghiera nella quale il fedele aspira, attraverso la ripetizione, a lasciarsi pervadere dalla parola di Dio (*lectio*

divina), a differenza della tradizione orientale che invita invece a scoprire il proprio io divino senza ricorrere a una divinità chiaramente identificata.
Il Cristianesimo si fonda sulla parola di un'unica entità, un essere «personale» e amorevole che si può incontrare attraverso la preghiera e che può aiutarci a elevare la nostra anima. La preghiera consiste dunque nel percepire la presenza di questo essere, nel lasciarsi pervadere dal suo amore, nell'ascoltarlo, adorarlo e nel chiedergli di sostenerci nel nostro tentativo di crescita spirituale.
Per i cristiani, Dio non si trova nella mente vuota, ma nella Bibbia e in Gesù Cristo. A differenza della tradizione orientale, in cui ciò che conta è creare un vuoto mentale, la religione cristiana mira a entrare in comunione con un'entità sacra e mistica (Cristo). La meditazione, dunque, si fonda principalmente sulla lettura-preghiera del testo biblico e ha come obiettivo la contemplazione. Come spiega il Catechismo della Chiesa cattolica (n. 2654): «Cercate leggendo e troverete meditando; bussate pregando e vi sarà aperto dalla contemplazione».
Questo tipo di meditazione consiste nel collocarsi al centro del proprio essere, ossia: «in Dio».
I monaci ortodossi seguaci della dottrina dell'esicasmo – termine greco che si può tradurre con «pace», «silenzio» o «tranquillità d'animo» – hanno elaborato una forma di meditazione che si basa sulla ripetizione di una preghiera silenziosa a Gesù Cristo secondo il ritmo del respiro. Il rapporto di questa pratica con il corpo e

la postura le sono valsi l'appellativo di «yoga cristiano». E, in effetti, è l'equivalente cristiano di alcune tecniche di meditazione orientali.

Alcuni religiosi hanno cercato di rinnovare la pratica della meditazione cristiana. Padre John Main, monaco benedettino britannico di origini irlandesi, ha fondato un movimento oggi diffuso in tutto il mondo. Secondo il suo approccio, bisogna mettersi in posizione comoda e chiudere gli occhi – insomma, assumere una postura meditativa –; quindi, interiormente, in silenzio, pronunciare una parola e continuare a ripeterla, come fosse un mantra. Come nelle pratiche meditative orientali, questo «mantra» produce un effetto di rilassamento e libera la mente. Padre Main raccomanda di meditare ogni giorno, al mattino e alla sera, per venti-trenta minuti.

Molti dei concetti cui si fa riferimento in questo libro, come quello di presenza, di coscienza o di lasciar andare, sono affrontati anche dal Cristianesimo. I versetti biblici dedicati a questi argomenti sono numerosi e possono essere uno spunto di riflessione per chiunque creda o sia interessato alla fede cristiana.

Esagerando, si potrebbe dire che la meditazione cristiana si differenzia da quelle d'ispirazione orientale soltanto per l'oggetto: nel primo caso Dio, i santi e il Regno dei Cieli, nel secondo il Buddha, il risveglio e il nirvana.

Sebbene molte delle tecniche di meditazione appena citate si pratichino da seduti, i messaggi che esse veicolano possono essere facilmente applicati anche alla meditazione in cammino. Il respiro, l'osservazione di sé, la recitazione dei mantra, la concentrazione, la mindfulness, tutti questi principi e queste pratiche possono essere affrontati anche durante una camminata in mezzo alla natura o durante i nostri spostamenti quotidiani.

Studi scientifici sui benefici della meditazione

Fino a non molto tempo fa, la meditazione era considerata una disciplina esotica praticata soltanto da una manciata di monaci e di saggi induisti o buddhisti. Oggi, invece, questo approccio suscita l'interesse di un numero sempre maggiore di scienziati.
Di recente, si è scoperto che il cervello è in grado di modificare la propria struttura sulla base degli stimoli cui è sottoposto. A seconda delle abitudini e dello stile di vita, le diverse aree e funzioni del nostro cervello si evolvono in modo differente: le zone più attive si sviluppano di più, mentre quelle soggette a una sollecitazione minore tendono a perdere vigore e a rimpicciolirsi. Insomma, si può dire che il nostro cervello è come un muscolo e che per sviluppare alcune aree dobbiamo allenarlo. Questa duttilità prende il nome di neuroplasticità o plasticità cerebrale.
Le prime ricerche in questo campo hanno mostrato

come esercitarsi a suonare uno strumento musicale in modo costante e intenso modifichi le strutture cerebrali dei musicisti. Recentemente, i più importanti esperti di neurobiologia e neuroscienze hanno incontrato i più alti rappresentanti buddhisti, presieduti dal Dalai Lama in persona, desideroso di trovare un punto di contatto tra scienza moderna e Buddhismo. A questo scopo, molti monaci che praticano con assiduità la meditazione sono stati sottoposti a test ed esami approfonditi con l'aiuto delle più sofisticate tecniche di imaging medico.

Queste ricerche hanno dimostrato come la meditazione influisca sensibilmente su alcune aree del cervello, in particolare su quelle che governano le emozioni positive come la gioia, la sensazione di benessere e l'autocontrollo. La meditazione genererebbe inoltre una maggiore capacità di ascoltare e di provare empatia verso gli altri.

D'altro canto, è stata rilevata una minore attività nelle aree collegate alle pulsioni negative quali la depressione, l'egocentrismo o il senso d'insoddisfazione, mentre la zona del cervello che controlla la paura e la rabbia è risultata meno sollecitata.

I risultati di queste ricerche dimostrano che il nostro cervello si comporta come un muscolo, crescendo e sviluppandosi in base a ciò che decidiamo di fargli fare, e mettono in luce come l'esercizio quotidiano della meditazione consenta di raggiungere una maggiore serenità emotiva e, di conseguenza, anche un umore più stabile. Praticare regolarmente la meditazione permette quindi di creare un equilibrio emotivo solido e che, grazie alla neuroplasticità del nostro cervello, dura nel tempo.

Qui non si tratta più di saggezza spirituale e di misticismo, ma di fatti dimostrati scientificamente. Ora sta a ognuno di noi trarre giovamento dai benefici della meditazione.

MEDITA E CAMMINA

Quando si parla di meditazione, la prima cosa che viene in mente è una persona perfettamente immobile seduta nella posizione del loto sul suo zafu (il cuscino per la meditazione). Eppure, la tradizione buddhista insiste sulla necessità di coltivare la presenza mentale in tutte e quattro le posizioni principali: in piedi, seduti, sdraiati e camminando. I monaci della foresta thailandesi[1] attribuiscono grande importanza alla meditazione in movimento. In generale, gran parte dei monaci dedica molto tempo a passeggiare.

Per chi non è abituato a fermare il flusso della propria mente, la meditazione può rivelarsi una pratica piuttosto ostica all'inizio. Siamo talmente assuefatti all'idea di essere in continuo movimento, sul piano sia fisico sia intellettivo, che fermarci o sederci anche solo per qualche istante e smettere di pensare ci sembra quasi impossibile. Le rare volte che lo facciamo, è per dormire. All'inizio dunque non sarà facile ritagliarsi mezz'ora o un'ora da dedicare a svuotare la mente da ogni pen-

1 La tradizione dei monaci della foresta appartiene al Buddhismo theravada, diffuso nel Sud-est asiatico. Questi monaci conducono una vita caratterizzata da un rigido ascetismo e praticano la meditazione seduta e camminata nelle foreste.

siero. E del resto non è così che bisogna procedere. A questo stadio, è meglio evitare d'imporre qualunque costrizione alla nostra mente. Dobbiamo contemplare il flusso dei nostri pensieri e osservarli consapevolmente, non lottare per scacciarli.
Tutto questo per dire che, in certi casi, camminare può rivelarsi il modo migliore per avvicinarsi alla meditazione, ad esempio per chi si sente a disagio all'idea di dover restare immobile. Altri invece potrebbero essere attratti dalla meditazione in movimento perché è meno austera e più naturale di altre tecniche. In fondo, che cosa c'è di più naturale di una camminata? Inoltre, è più abbordabile anche per chi soffre di dolori alla schiena o alle articolazioni o per chi ha problemi di sonnolenza.
Le occasioni per meditare sono moltissime; possiamo persino meditare lavando i piatti, se siamo pienamente consapevoli di ciò che stiamo facendo. Certo, magari non riusciremo a raggiungere uno stato di estasi lavando i piatti, ma porteremo a termine il nostro compito in modo pienamente consapevole, e questa è la cosa più importante.
Lo stesso vale anche per le passeggiate meditative. Il movimento del corpo prodotto dalla camminata può rivelarsi un ottimo alleato, proprio come la strada che stiamo percorrendo. Camminare è un atto che ha un forte valore simbolico. Significa muoversi, andare verso qualcosa e, fatto ancora più importante, significa avere una strada, una via da seguire. Il semplice fatto di posare un piede davanti all'altro implica l'esistenza di

una direzione. C'è una meta, non c'è una meta, e dove arriveremo? Camminare vuol dire lentezza, semplicità, fluidità, tranquillità, ispirazione, contemplazione. È un modo eccezionale per vivere nel presente e assumere una postura meditativa. A prescindere da ciò che possiamo incontrare lungo la strada (la nostra via), la cadenza e la monotonia dei nostri passi ci fanno accedere, quasi senza accorgercene, a una condizione di silenzio interiore molto favorevole alla meditazione.
Ma c'è un altro vantaggio da non sottovalutare. Rispetto alla posizione seduta, meditare in movimento rende più facile prolungare lo stato di concentrazione e di pace. Dopo mezz'ora o un'ora di meditazione statica, ad esempio, il semplice fatto di rialzarci può farci uscire bruscamente dallo stato di coscienza acquisito durante la sessione appena conclusa. Nelle passeggiate meditative, invece, anche se la meditazione è meno profonda, non ci sono cambiamenti così netti. Dopo un'ora di camminata, la concentrazione e lo stato di serenità interiore acquisiti non si dissolvono, a prescindere dai cambiamenti dell'ambiente circostante. O almeno, questo è quanto ho potuto constatare nel corso delle mie passeggiate meditative. In sostanza, la transizione e il ritorno alla quotidianità si svolgono in modo più naturale, dal momento che non si passa dall'immobilità al movimento.
Camminare è un'attività che ciascuno di noi pratica ogni giorno. È per questo che meditare camminando è un modo semplice e naturale per introdurre la meditazione nella nostra vita quotidiana.

Il ritmo

Qualcuno preferisce camminare a passo lento, o persino lentissimo. Altri invece si trovano più a proprio agio con un'andatura rapida, come se il movimento li aiutasse a rilassarsi. L'importante è capire qual è il ritmo che funziona meglio per noi. Io, personalmente, mi trovo bene con entrambi. In base all'umore e allo stato d'animo del momento, scelgo un passo più o meno rapido, e qualche volta li alterno. I due ritmi suscitano sensazioni diverse, ma entrambi conducono all'essenziale: a se stessi e a ciò che è.
Consiglio di scegliere un terreno relativamente piatto e sgombro per camminare. Qualunque ostacolo o sforzo eccessivo potrebbe far perdere la concentrazione.

La postura

La schiena dev'essere perfettamente dritta. Alcuni troveranno più facile rilassare il corpo facendo oscillare lungo il busto le braccia distese. Altri, invece, preferiranno tenere le mani giunte davanti a sé come segno del proprio stato interiore, come vuole la tradizione zen (si veda il capitolo sulla camminata zen). La testa deve restare dritta; tuttavia, per non lasciarci distrarre da ciò che ci circonda, possiamo rientrare leggermente il mento così che il nostro sguardo sia rivolto a terra, uno o due metri davanti a noi.

Le sensazioni

La prima cosa da fare per ancorare la nostra attenzione al presente è percepire tutte le sensazioni che il nostro corpo in movimento ci trasmette. Concentriamoci sui nostri piedi. Sentiamo il tallone che tocca terra, all'inizio del passo, poi il piede che si muove spostando il peso verso la punta, sulle dita, impostando il passo successivo. Concentriamoci ora sul peso che si trasferisce sull'altro piede mentre il primo si solleva, e così via. Dobbiamo essere consapevoli di queste sensazioni che appaiono, scompaiono e riappaiono. Dobbiamo focalizzarci mentalmente su ogni singola sensazione che il nostro corpo ci comunica.

Ma non ci sono soltanto i piedi e le gambe: tutto il corpo partecipa al movimento. Braccia, colonna vertebrale, fianchi, collo... Sta a noi immergerci in queste sensazioni e imparare a riconoscerle, così come sono, senza aggiungervi nulla.

Camminare, inoltre, significa assumere una posizione di verticalità. Ogni volta che ci alziamo per camminare, il nostro corpo rischia di sbilanciarsi. Non si può camminare senza esporsi a questo rischio, ed è molto importante esserne consapevoli. Nella vita, se restiamo immobili e stabili, non possiamo avanzare e fare progressi. Il messaggio che si nasconde in questa verità può essere uno spunto di meditazione durante le nostre passeggiate. Prendiamo consapevolezza del fatto che, nella vita, per progredire bisogna correre dei rischi, in questo caso quello di compromettere il nostro equilibrio.

La respirazione

Per avere accesso a certi stati di coscienza dovremo avvalerci dell'aiuto del nostro migliore alleato, la respirazione. Respirare è ciò che ci permette di vivere, ma è anche un modo per ritrovare la serenità e riconnetterci con noi stessi. Il respiro è alla base di qualunque riconciliazione. È il mezzo attraverso cui conquistare la consapevolezza. La respirazione può calmare la mente e renderla più lucida. Associata alla camminata, è un alleato straordinario per accedere allo stato meditativo. Il ritmo del respiro varia a seconda della velocità alla quale scegliamo di camminare, ma può anche essere libero: l'importante è che sia sempre consapevole. Concentrarsi sul proprio respiro senza imporsi un ritmo particolare è sufficiente per entrare in contatto con la parte più profonda di sé. In sintesi, c'è una sola parola d'ordine che accomuna meditazione e respirazione: essere consapevoli di sé e di ciò che si fa.
Credo sia interessante conoscere i diversi tipi di respirazione. Ci sono tre modi di respirare:

- la respirazione addominale;
- la respirazione costale o toracica;
- la respirazione toracica alta o clavicolare.

La respirazione addominale

La respirazione addominale o diaframmatica è una respirazione volontaria, naturale e rilassante. È il modo in cui respirano i neonati e in cui respiriamo tutti noi nel sonno. Il movimento del diaframma (il muscolo a forma di ombrello che si trova nella parte bassa della gabbia toracica) indotto da questo tipo di respirazione assicura un massaggio costante agli organi interni, aiutandoci a ricentrarci nell'«hara», la grande riserva di energia che ci consente di rifocalizzarci e ritrovare la serenità.

La respirazione addominale volontaria ricarica il corpo e rilassa la mente, combatte l'ansia e regolarizza l'attività intestinale. Si può praticare in posizione seduta, eretta o sdraiata. Provate a respirare in questo modo tutte le volte che avete un po' di tempo (sui mezzi pubblici, mentre siete in coda, prima di addormentarvi), oppure quando vi sentite stressati o ansiosi.

Il movimento del diaframma agisce sul plesso solare, il centro nervoso che innerva gli organi addominali situati approssimativamente tra la punta dello sterno e l'ombelico. Il plesso solare è responsabile della contrazione e del rilassamento di tutti gli organi addominali (stomaco, fegato, milza, intestino). È qui che si accumulano le tensioni innescate dalle nostre emozioni.

Lavorare sulla respirazione addominale aiuta a governare queste emozioni e a liberare le energie che rimangono intrappolate in questa sede a seguito di uno choc emotivo (senso di oppressione all'addome, tensione, nausea, nodo allo stomaco).

La respirazione costale o toracica

Sfrutta la parte medio-bassa dei polmoni e consiste nel sollevare le costole e dilatare la gabbia toracica, riempiendo d'aria la parte intermedia dei polmoni. È il tipo di respirazione preferito dagli atleti, per via della maggiore ventilazione polmonare che assicura.

La respirazione toracica alta o clavicolare

È il risultato della contrazione dei muscoli superiori della gabbia toracica che, con il loro movimento, sollevano le clavicole, portando aria soltanto alla parte superiore dei polmoni. Si tratta della respirazione «peggiore». Tuttavia, contribuisce a ricaricare il nostro cervello e favorisce la concentrazione, l'attenzione e la capacità di riflettere.

Tutte e tre queste forme di respirazione possono essere praticate in un'unica inspirazione. In questo caso, si parla di «respirazione profonda» o «completa», una tecnica che associa le tre modalità appena descritte (addominale, costale e clavicolare) in un unico e ampio movimento respiratorio. Facendo passare l'aria in tutti i settori dei polmoni, questa respirazione mette in circolo le energie in tutto il corpo. Evita così che alcune parti rimangano congestionate, contribuendo al buon funzionamento dell'organismo.
Non posso concludere il capitolo senza spendere qualche parola sull'espirazione. Questa fase è importante quanto l'inspirazione, perché non è possibile ossige-

nare correttamente i polmoni se prima non sono stati svuotati di tutta l'aria viziata che ristagna al loro interno. Quando i muscoli inspiratori si rilassano, la gabbia toracica si ritira espellendo lentamente l'aria. L'espirazione dev'essere silenziosa e non forzata. I muscoli addominali, contraendosi, possono contribuire a svuotare i polmoni.
Per mettere in pratica ciò che è appena stato illustrato, nelle prossime pagine affronteremo alcuni esercizi in movimento fondati sulla respirazione.

Praticare la coerenza cardiaca

Prima d'iniziare una passeggiata meditativa, di solito preferisco dedicarmi a un particolare esercizio di respirazione: la coerenza cardiaca. È un esercizio che va eseguito in posizione seduta, non camminando; quando sono all'aperto, generalmente mi siedo ai piedi di un albero oppure su una panchina. Grazie ai cinque minuti consacrati a questo esercizio riesco a raggiungere una condizione di serenità ideale per affrontare la meditazione in movimento.

Che cos'è la coerenza cardiaca?

L'obiettivo di questa pratica è controllare lo stress e l'ansia governando, attraverso la respirazione, il ritmo e le oscillazioni del nostro battito cardiaco.
La tecnica della coerenza cardiaca è stata sviluppata negli anni Novanta dai ricercatori dell'HeartMath Institute in California. In Francia, questo metodo è stato

reso popolare dal dottor David Servan-Schreiber, che lo ha fatto conoscere al grande pubblico.
L'obiettivo che questa pratica si prefigge è semplicissimo: controllare il cervello regolando il proprio battito cardiaco. I ricercatori dell'HeartMath Institute hanno dimostrato che il cuore, spesso considerato una semplice pompa, è in realtà una sorta di piccolo cervello autonomo che regola il nostro intuito e i nostri rapporti con gli altri. Il cuore, all'interno del quale si trovano circa quarantamila neuroni autonomi, sarebbe strettamente legato al cervello e in coppia con esso formerebbe un vero e proprio apparato emotivo. Pare insomma che il cuore svolga un ruolo fondamentale nella regolazione degli stati d'animo. Da qui l'idea di provare a controllarlo per lavorare sulle nostre emozioni. Imparando a regolare il ritmo cardiaco e respiratorio possiamo entrare in contatto con questo apparato intellettivo. È questo il principio su cui si fonda la coerenza cardiaca.
Tutti noi sappiamo che l'emotività influisce considerevolmente sul ritmo cardiaco e respiratorio. Quando siamo arrabbiati o ansiosi, la nostra frequenza cardiaca aumenta e diventa irregolare. Siamo portati a pensare, quindi, che lo stato emotivo generato dal nostro cervello influisca direttamente sul battito del cuore. Che, insomma, il primo agisca sul secondo, il quale reagisce di conseguenza.
In effetti è così, ma le ultime ricerche sulla coerenza cardiaca hanno dimostrato che è vero anche il contrario. Quando il cuore batte in modo caotico, invia al cervello

un segnale disarmonico. Una frequenza calma e regolare, invece, invia un messaggio di armonia e controllo. È per questo che lavorando sulla respirazione, e di fatto anche sul ritmo cardiaco, si può agire sull'equilibrio della mente. Questo legame tra respirazione, cuore e mente non è una novità. I saggi orientali esaltano da millenni gli effetti positivi della respirazione sul cervello e sul nostro stato psicologico, ma solo di recente la scienza ha iniziato a interessarsi sul serio alla questione.

Dunque possiamo controllare il cervello disciplinando il nostro ritmo cardiaco attraverso la respirazione, in modo da placare l'ansia e lo stress. Lavorando sulla respirazione possiamo armonizzare i battiti del cuore e gli intervalli tra una pulsazione e l'altra, riequilibrando in questo modo la nostra attività cerebrale.

Il controllo del ritmo cardiaco agisce sul sistema nervoso autonomo,[2] che è fatto di due componenti: il sistema simpatico, che accelera il ritmo cardiaco (dispendio di energie in risposta a stimoli esterni), e il sistema parasimpatico, che ha il compito di rallentarlo (recupero delle energie per rigenerarsi). Un giusto equilibrio tra queste due funzioni è fondamentale per la nostra salute.

Respirando con una cadenza ben precisa, il ritmo car-

---

2 Il sistema nervoso autonomo regola tutte le principali funzioni che non dipendono dalla volontà (cuore, respirazione, digestione, temperatura...) e che garantiscono la stabilità e l'adattamento all'ambiente esterno del nostro corpo.

diaco rallenta e diventa più regolare. In questo modo, si riducono i livelli di cortisolo (l'ormone dello stress) e aumentano quelli di alcuni neurotrasmettitori (dopamina, serotonina, ossitocina). Questa reazione biochimica trasmette al cervello un segnale di rilassamento, prevenendo l'insorgere di ansia e di stress.

Come si raggiunge lo stato di coerenza cardiaca

L'esercizio è semplicissimo. Si tratta di compiere sei cicli respiratori (inspirazione-espirazione) al minuto, di dieci secondi ciascuno.

Come svolgere l'esercizio

Mettetevi comodi: sedetevi su una sedia, con la schiena dritta e i piedi appoggiati a terra, posate le mani sulle cosce. Se volete, potete chiudere gli occhi per concentrarvi meglio.
Inspirate per cinque secondi attraverso il naso.
Per raggiungere uno stato di coerenza cardiaca, l'inspirazione dev'essere ampia. Si comincia inspirando con il diaframma e poi si lascia risalire l'aria verso i polmoni (si veda il capitolo dedicato ai vari tipi di respirazione, a p. 38).
Ora espirate attraverso la bocca, per cinque secondi, contraendo gli addominali per espellere l'aria. Mantenendo questa frequenza, si riescono a compiere sei cicli di inspirazione-espirazione al minuto.
Ripetete questa sequenza per cinque minuti.
All'inizio, per abituarsi a un'ampiezza di respiro di cinque secondi, può essere utile cronometrare l'esercizio.

Poiché si tratta di un esercizio preparatorio, dovrete praticarlo tre volte al giorno (mattino, pomeriggio e sera), ogni giorno, in modo regolare.
Memorizzate questo numero: 365.
Vi aiuterà a non dimenticare che l'esercizio della coerenza cardiaca va praticato in questo modo:

- 3 volte al giorno;
- 6 cicli respiratori al minuto;
- 5 secondi per ogni inspirazione ed espirazione, per 5 minuti.

Per favorire il rilassamento, la respirazione dovrà essere il più possibile consapevole. Se volete, potete affiancare all'esercizio le tecniche di visualizzazione che preferite.
È importante mantenere una frequenza di sei cicli respiratori al minuto, poiché si tratta del ritmo fisiologico ideale per creare una consonanza tra ritmo respiratorio e variazioni del ritmo cardiaco. Tale fenomeno prende il nome di effetto Vaschillo.[3]

---

3 L'effetto Vaschillo consiste nel creare una consonanza tra le variazioni dovute alla respirazione (frequenza alta) e quelle legate all'attività dei barocettori (frequenza bassa). I barocettori sono recettori neurosensoriali posti nei vasi sanguigni; si concentrano maggiormente nei vasi più grossi, come l'aorta e le arterie carotidi. Quando sono stimolati dalla distensione delle pareti arteriali, essi inviano un segnale che attiva il nervo e al contempo inibisce il sistema simpatico, con l'effetto di ridurre la pressione arteriosa e la stimolazione. Le ricerche condotte da Evgeny Vaschillo su alcuni astronauti russi hanno mostrato

La principale conseguenza è una sensazione quasi immediata di sollievo e rilassamento. La pressione arteriosa e le pulsazioni diminuiscono. Le emozioni sono sotto controllo.
I benefici della coerenza cardiaca sono molteplici:

- facilita la gestione dello stress, dell'ansia e degli sbalzi d'umore;
- migliora la qualità del sonno;
- aiuta a controllare le emozioni negative;
- diminuisce il rischio cardiovascolare;
- migliora la capacità di apprendimento;
- favorisce il processo decisionale.

Secondo i suoi sostenitori, questa tecnica di respirazione contribuirebbe a contrastare le malattie cardiovascolari, l'ipertensione, il mal di testa, le infezioni e avrebbe effetti positivi sulle difese immunitarie.
Al di là della capacità di donare sollievo e armonia alla nostra mente, questa pratica ci permette di essere consapevoli del nostro respiro, aiutandoci ad ancorarci più saldamente nel presente, in modo rilassato e sereno.

---

come il ritmo respiratorio ideale per raggiungere la coerenza cardiaca sia di sei cicli di respirazione al minuto, con inspirazioni ed espirazioni della durata di cinque secondi ciascuna.

LE CAMMINATE MEDITATIVE

La camminata zen

Nei dojo zen tradizionali, la meditazione in movimento è un completamento di quella svolta da seduti. Di solito, dopo una cinquantina di minuti trascorsi in posizione immobile, ci si concede una decina di minuti di passeggiata meditativa. È un modo per ritemprare la mente e il corpo senza compromettere la serenità acquisita durante la meditazione seduta.
Se praticate già la meditazione seduta, camminare può rivelarsi il modo ideale per completare le vostre sedute. Ma anche chi è interessato soltanto alla meditazione in movimento troverà nella tradizione zen moltissime risorse da sfruttare nella vita di ogni giorno. Il maestro zen Thích Nhất Hạnh[4] insegna l'arte di camminare attraverso il respiro. Con i suoi precetti, vuole farci comprendere che per vivere il presente occorre fare un passo dopo l'altro in modo pienamente consapevole. Il respiro scandisce il ritmo della nostra camminata

---

4 Thích Nhất Hạnh è un monaco buddhista zen vietnamita nato nel 1926, pacifista e promotore del Buddhismo in Occidente. Insegna nel Village des Pruniers (Plum Village) nei pressi di Bordeaux, nel dipartimento del Lot-et-Garonne. Per informazioni e contatti si vedano: *villagedespruniers.net* e *www.thich-nhat-hanh.fr*.

mentre l'attenzione si concentra su ogni singolo passo. In questo modo, possiamo ancorarci nel presente e liberarci dei nostri problemi e delle nostre ansie.

Thích Nhất Hạnh spiega che è sufficiente camminare piano, tranquillamente, come la persona più spensierata e sfaccendata del mondo. Insiste inoltre sul fatto che il cammino è più importante della meta. La camminata zen non è un mezzo, ma il fine stesso, poiché è nel presente e nell'atto realizzato nell'istante che le cose avvengono.

Anche se questo insegnamento richiede una certa consapevolezza interiore, nulla ci vieta di guardarci intorno e cercare di comprendere ciò che ci circonda, di contemplare l'ambiente in cui siamo immersi, osservare la natura e lasciarci ispirare. Insomma, di stabilire un legame profondo con la realtà e accoglierla così come si mostra a noi in questo istante.

Non si tratta di diventare un Buddha o un essere illuminato, ma molto più semplicemente di essere noi stessi nel momento presente. Di camminare come una persona libera e sentire la terra che si offre spontaneamente a noi. È questa la ragione per cui al termine di una camminata meditativa non possiamo che sentirci bene. Ma, cosa ancora più importante, grazie all'esercizio regolare ci accorgeremo che la serenità e la qualità della nostra presenza nella vita quotidiana miglioreranno. È una questione di consapevolezza, e meditare camminando è un modo straordinario per accedere alla pace interiore e renderla sempre più solida e profonda.

Ma non è finita qui. Secondo Thích Nhất Hạnh, qualunque tipo di attività può aiutarci a riallacciare un legame con il presente e con il nostro io profondo: pulire casa, fare bricolage, curare il giardino... E non perché i risultati ottenuti ci rendano felici, ma perché si può trovare la pace anche nei piccoli gesti quotidiani.
Come dice Thích Nhất Hạnh parlando delle camminate meditative:

> *Prendimi per mano, amico mio,*
> *vieni con me, cammineremo,*
> *cammineremo soltanto.*
> *Assaporeremo ogni passo...*
> *Assaporeremo ogni singolo passo,*
> *senza pensare di arrivare da qualche parte.*
> *Cammina nella pace.*
> *Cammina nella felicità.*
> *Accarezza la terra con i tuoi piedi, amico mio,*
> *imprimi su di essa l'impronta*
> *dell'amore e della gioia.*
> *Quando ognuno di noi*
> *si sentirà al sicuro,*
> *la terra sarà salva.*

Il kin-hin

Nella tradizione Soto, il kin-hin viene compiuto negli intervalli tra le sessioni di meditazione seduta. Consiste nel camminare, ma non in modo casuale. È una vera e propria continuazione della meditazione seduta. Nella tradizione zen, il kin-hin è paragonato all'avanzare della tigre che con i sensi vigili esce dalla foresta, all'andatura di un felino che si avvicina piano piano alla preda prima di balzarle addosso come un lampo.

Questa pratica consiste semplicemente nel camminare. Dobbiamo camminare senza obiettivi, senza curarci di ciò che ci circonda e restando concentrati sul nostro corpo. La sensazione dei piedi che toccano il terreno, come ci orientiamo nello spazio, la nostra verticalità, sono tutti elementi di cui dobbiamo diventare consapevoli. La posizione delle mani svolge un ruolo importante, esattamente come nella meditazione seduta. La mano sinistra è chiusa a pugno, senza rigidità, con il pollice all'interno, e la destra la copre. Le mani vanno posate sullo sterno, con la base del pollice sinistro sul plesso solare. Gli occhi sono socchiusi, lo sguardo inclinato di circa 45 gradi. Busto e testa sono dritti.

La respirazione governa l'andatura e ne determina la lentezza. Sebbene possa in parte variare a seconda delle differenti scuole di pensiero, il metodo in generale è questo: la durata dell'inspirazione non dev'essere né più breve né più lunga di quella di metà passo, poiché l'altra metà è dedicata all'espirazione. Si inspira nella prima parte del passo e nella seconda si espira, e così via. Ne consegue che i passi devono essere molto lenti, o non si avrebbe il tempo di completare la respirazione. In pratica si cammina al rallentatore, seguen-

do il ritmo dell'inspirazione e dell'espirazione, senza mai discostarsi da questa cadenza.
Grazie alla pressione esercitata con le mani e con i pollici sul plesso solare durante l'espirazione, possiamo massaggiare questo punto teso e dolorante in cui spesso si accumulano le nostre emozioni e molte delle nostre ansie.
Non si deve camminare in tondo, bensì in linea retta, e gli eventuali ostacoli vanno sempre evitati girando a destra.
Gli effetti positivi che questa pratica produce a livello psicosomatico, consolidando il legame tra corpo e mente, sono noti. Da studi scientifici è emerso che il kin-hin ristabilisce l'equilibrio tra sistema nervoso simpatico e parasimpatico, il tutto combinando questi benefici a quelli di una potente iperossigenazione.

Alcuni tipi di camminata meditativa legati alla tradizione vipassana

Come accennato in precedenza, la vipassana è una tecnica di meditazione che mira a trasformare chi la pratica attraverso l'osservazione di sé. Il termine «vipassana» significa vedere le cose come sono realmente, così come esse si presentano. Questo approccio consiste nell'esplorare il corpo e le sue espressioni attraverso tutte le sensazioni fisiche che ci trasmette. Questa scoperta di sé attraverso l'osservazione permette d'instaurare un legame tra corpo e mente e di misurarne la solidità. Lo scopo di questa forma di meditazione è liberare la mente da tutte le impurità che la ostruiscono. L'esperienza della meditazione vipassana ci guida nella comprensione della vera natura dei nostri sentimenti e delle nostre emozioni e ci consente d'individuare le cause della nostra sofferenza e di superarle. Grazie a questa esperienza, possiamo accedere a un'aumentata consapevolezza, che ci aiuta a liberarci delle nostre false credenze e illusioni.

Camminare in piena consapevolezza secondo Ajahn Sucitto[5]

Per praticare questa forma di camminata consapevole, avrete bisogno di uno spazio un po' più grande di una stanza – a meno che non abitiate in un castello! Dev'essere uno spazio sufficientemente ampio da permettervi di fare venti passi senza dovervi girare.
La schiena è ben dritta, lo sguardo è rivolto a terra, circa due o tre metri davanti a voi, la testa è leggermente inclinata verso il basso. Poiché avrete gli occhi aperti e dovrete muovervi, c'è il rischio che ciò che vi circonda vi distragga. Dovrete quindi concentrarvi sulle sensazioni che provengono dai vostri piedi mentre avanzate, sul piede sinistro che tocca terra, poi sul destro. Questa concentrazione vi guiderà nella meditazione. Una volta conclusa questa sequenza di passi, rimanete immobili

5 Ajahn Sucitto (Bhikku Sucitto, nato il 4 novembre 1949), monaco buddhista theravada di origini britanniche.

per alcuni secondi e prestate attenzione alle sensazioni che provate, dalla pianta dei piedi fino alla sommità del cranio. È possibile che alcune immagini si affaccino alla vostra mente. Un palo, un albero, o semplicemente la consapevolezza del vostro essere e della sua verticalità. Approfittate di questo momento per chiudere gli occhi e respirare consapevolmente. Poi voltatevi e avanzate nella direzione opposta. Potete ripetere la camminata tutte le volte che volete, cercando di restare il più rilassati possibile per tutta la durata della seduta.

Durante questo esercizio, la mente comincerà a vagare trascinandovi nel suo flusso di pensieri. Se accade, non cercate di resistere. Limitatevi a prendere atto di questi pensieri senza giudicarli e a tornare al punto focale della vostra concentrazione, e cioè i passi e il respiro.

Il metodo di Mahasi Sayadaw[6]

In questa forma di meditazione, la parola d'ordine è osservare tutto ciò che accade nell'istante stesso in cui accade. E cioè essere consapevoli di ciò che avviene nel momento presente.

Chi medita dev'essere consapevole di ogni piccolo movimento che compie camminando. È consigliabile muoversi molto lentamente, come se si trasportasse una ciotola piena d'acqua.

---

6 Mahasi Sayadaw (1904-1982) è stato un monaco buddhista theravada, maestro di meditazione specializzato nella tecnica vipassana.

Prima fase

Passo destro, passo sinistro

La schiena è dritta ma rilassata, priva di tensioni superflue. Le mani sono unite davanti a voi, nel modo più naturale possibile. Posate lo sguardo circa due metri davanti a voi. Il principio su cui si fonda questo metodo è annotare mentalmente ogni intenzione e ogni constatazione.

Prima di cominciare a camminare, annotate mentalmente e in silenzio «in piedi», poi «intenzione di camminare». Muovendo la gamba destra, annotate «passo destro», poi, muovendo la sinistra, «passo sinistro».

Si tratta di una camminata molto breve, non più lunga di tre o quattro metri. Arrivati in fondo, annotate mentalmente «fermarsi, fermarsi» e «in piedi, in piedi», poi «intenzione di voltarsi», quindi «voltarsi, voltarsi» e «in piedi, in piedi».

Ripetete l'esercizio continuando a prendere nota dei movimenti dei piedi, «passo destro, passo sinistro», e così via.

L'annotazione mentale e il movimento del piede devono essere sincronizzati, ciò significa che dovete cominciare ad annotare «passo» nell'istante in cui iniziate a sollevare il piede destro, e «destro» nel momento in cui vi accingete a posare il piede destro a terra.

Seconda fase

Sollevare, appoggiare

Dopo aver preso confidenza con la fase del «passo

destro, passo sinistro», potrete passare a due annotazioni per passo. La postura è sempre la stessa, schiena dritta, mani unite e sguardo posato due metri davanti a voi.
Ricominciate l'esercizio annotando «in piedi, in piedi» e «intenzione di camminare». Mentre sollevate il piede destro annotate «sollevare» e abbassando il piede destro annotate «appoggiare», quindi sollevando il sinistro annotate «sollevare» e abbassandolo annotate «appoggiare».
Camminate seguendo una linea retta di circa tre o quattro metri. Arrivati in fondo, annotate mentalmente «fermarsi, fermarsi» e «in piedi, in piedi», poi «intenzione di voltarsi», quindi «voltarsi, voltarsi», «in piedi, in piedi» e ricominciate a prendere nota dei movimenti di ogni piede, «sollevare», «appoggiare».

Terza fase

Sollevare, avanzare, appoggiare

Quando avrete imparato a svolgere le prime due fasi, potrete passare a tre annotazioni per passo.
Sempre nella solita postura, procedete come spiegato nella prima e seconda fase. Annotate mentalmente «in piedi, in piedi», poi «intenzione di camminare». Sollevando il piede destro annotate «sollevare», portandolo avanti annotate «avanzare» e abbassandolo annotate «appoggiare». Quindi sollevando il piede sinistro annotate «sollevare», portandolo avanti annotate «avanzare» e abbassandolo annotate «appoggiare».

Arrivati in fondo (tre o quattro metri), annotate mentalmente «fermarsi, fermarsi» e «in piedi, in piedi», poi «intenzione di voltarsi, intenzione di voltarsi», quindi «voltarsi, voltarsi», «in piedi, in piedi», e ricominciate ad annotare i movimenti di ogni piede, «sollevare», «avanzare», «appoggiare».

Potete svolgere questo esercizio a casa, sia in salotto sia all'esterno. Consiglio di eseguirlo a piedi nudi o indossando solo le calze. Questo tipo di camminata è un ottimo modo per migliorare la concentrazione e, di fatto, stabilizzare la mente. Inoltre ricarica le energie, stimola la circolazione, tonifica i muscoli e aiuta la digestione.

Respirare e camminare con consapevolezza

Ecco alcuni esercizi di respirazione che potete svolgere durante una camminata all'aria aperta o a casa vostra.

Il Breathwalk

Il Breathwalk è una tecnica del Kundalini Yoga legata agli insegnamenti di Yogi Bhajan.[7] Consiste nell'abbina-

---

7 Yogi Bhajan (1929-2004), maestro spirituale sikh che ha diffuso gli insegnamenti del Kundalini Yoga e del Breathwalk negli Stati Uniti. È autore del libro *Breathwalk: il respiro per rivitalizzare il corpo, la mente e lo spirito* [Astrolabio, Roma, 2002].

re delle sequenze ritmiche di respiro ai passi, in modo sincronizzato, il tutto senza mai smarrire la propria concentrazione meditativa. È una pratica molto semplice e che aiuta a contrastare i cali di energia, l'ansia, la depressione, l'ipertensione e l'obesità. Il Breathwalk contribuisce inoltre a risvegliare la coscienza di sé insegnando a governare l'energia vitale (prana).
Questa camminata si articola in quattro fasi.

1. Risveglio: è la fase nella quale si prepara il corpo a camminare con l'aiuto di una serie di esercizi fisici e di respirazione.
2. Allineamento: consiste nell'osservare la propria postura e nel raggiungere progressivamente la giusta andatura.
3. Vitalizzazione: si ottiene sperimentando due moduli di respirazione, l'aquila e la tigre.
4. Integrazione: l'ultima fase consiste in un esercizio di visualizzazione da svolgere in posizione seduta, una sorta di «passeggiata interiore». Volendo, si può accompagnare anche con qualche posizione yoga.

Ecco un esempio dei moduli di respirazione di questa tecnica.

Il respiro dell'aquila

Si inizia inspirando dal naso in quattro fasi, ognuna delle quali corrisponde a un passo; a questo punto, si espira in quattro fasi, anch'esse corrispondenti a quattro passi. La respirazione dev'essere naturale, ma scandita dal ritmo dei passi.

L'inspirazione è articolata in diversi momenti: comincia nella parte alta della gabbia toracica, si estende alle costole inferiori, verso la parte posteriore del petto, quindi scende fino al ventre. Dopo aver espirato, l'inspirazione successiva va eseguita nel senso contrario (dal ventre verso il torace).

Il ciclo dura cinque minuti, dopodiché si fa una pausa di tre minuti durante la quale la respirazione e la camminata tornano normali. Al momento d'iniziare il ciclo successivo, volendo, si può scegliere di accompagnarlo con un mantra silenzioso.

Un altro esercizio di respirazione da eseguire camminando

Ecco un esercizio di respirazione consapevole che vi aiuterà ad aumentare la vostra capacità polmonare. Questa tecnica può rivelarsi utilissima in vista di una lunga camminata, nel corso della quale potreste ritrovarvi ad aver bisogno di recuperare un po' di energie.

Il principio su cui si fonda l'esercizio è aumentare progressivamente la durata dell'inspirazione e dell'espirazione, in modo da non affaticare né il cuore, né i polmoni, né la gabbia toracica.

Principio generale

1. L'inspirazione (dal naso) comincia dall'addome, gon-

fiando il ventre. Dev'essere lenta e silenziosa. L'aria inspirata viene immagazzinata dalla parte più bassa dei polmoni.
2. Nel corso della stessa inspirazione, riempire la parte intermedia dei polmoni dilatando la parte inferiore della gabbia toracica.
3. Risalire verso la parte superiore dei polmoni facendo rientrare l'addome, per spostare l'aria nella parte alta della gabbia toracica.
4. Espirare lentamente dalla bocca.

Il ritmo della respirazione durante la camminata

Il procedimento consiste nell'eseguire una serie di 10 respirazioni che costituiscono l'esercizio di base, così articolate: 3 passi inspirando secondo le tre fasi respiratorie + 1 passo trattenendo il respiro nella parte alta dei polmoni + 3 passi espirando + 1 passo trattenendo il respiro nella parte bassa dei polmoni. Si prosegue con un'altra serie da 10 articolata secondo un ritmo più ampio (vedi avanti), che implica una respirazione più estesa. In seguito, si ripete la serie da 10 dell'esercizio di base (3+1+3+1), quindi si esegue un'altra serie da 10.
Queste serie si concludono con un altro ciclo svolto in senso contrario, con un ritmo sempre più serrato.

Esempio

Prima serie di 10 respirazioni (esercizio di base): 3+1+ +3+1 (3 passi inspirando + 1 passo trattenendo il respiro nella parte alta dei polmoni + 3 passi espirando + 1 passo trattenendo il respiro nella parte bassa dei polmoni).

Seconda serie da 10: 3+3+2 (3 passi inspirando + 3 passi espirando + 2 passi trattenendo il respiro nella parte bassa dei polmoni).

Ripetizione della sequenza di base: 3+1+3+1 (per 10 volte).

Poi:

4+4+2 (4 passi inspirando + 4 passi espirando + 2 passi trattenendo il respiro nella parte bassa dei polmoni; per 10 volte)

3+1+3+1 (per 10 volte)

5+5+2 (per 10 volte)

3+1+3+1 (per 10 volte)

6+6+2 (per 10 volte)

3+1+3+1 (per 10 volte)

7+7 (per 10 volte)

3+1+3+1 (per 10 volte)

8+8 (per 10 volte)

Nuovo ciclo eseguito in senso contrario, con ritmo sempre più serrato.

L'esercizio può durare dai venti ai trenta minuti ed è rivolto a persone che non soffrono di disturbi polmonari, muscolari o cardiaci. Praticato una o due volte alla settimana, migliora considerevolmente la capacità polmonare e contribuisce a rigenerare la mente e a farle ritrovare la serenità.

La camminata afghana

La tecnica della camminata afghana ha una vocazione sportiva e permette di affrontare grandi distanze senza arrivare a destinazione esausti. Come suggerisce il nome, è originaria dell'Afghanistan.

Negli anni Ottanta, Édouard G. Stiegler incontrò a Kabul dei cammellieri che avevano appena percorso settecento chilometri in dodici giorni, cioè quasi sessanta chilometri al giorno, nel corso della transumanza tra gli altipiani e il deserto. Profondamente impressionato dalla loro performance, Stiegler pubblicò un libro nel quale descriveva la loro tecnica.

L'efficacia di questo approccio è ormai riconosciuta. I vantaggi, tuttavia, non si limitano alle prestazioni fisiche: la camminata afghana non solo permette di camminare velocemente senza far fatica, ma consente anche di affrontare lunghi viaggi con la massima serenità e con la certezza di arrivare a destinazione senza esaurire le energie. È la tecnica ideale per percorrere grandi distanze. Al di là dell'aspetto puramente atletico, la concentrazione necessaria per coordinare respiro e andatura contribuisce a predisporre la mente alla meditazione, un fatto che si rivela molto positivo per l'equilibrio nervoso.

I modi per coordinare il ritmo dei passi e quello del respiro sono molti, e ognuno può sentirsi libero di scegliere quello che preferisce. Io mi limiterò a illustrarvi una sequenza che funziona benissimo quando si cammina su un terreno pianeggiante (ad esempio in città) e che è alla portata di tutti, anche dei principianti:

- inspirate con il naso durante i primi tre passi;
- trattenete l'aria nei polmoni durante il quarto passo;
- espirate dal naso durante i tre passi successivi;
- fate l'ultimo passo a polmoni vuoti.

La camminata afghana, in un certo senso, si colloca a metà strada tra la meditazione e l'attività sportiva. Il fatto che vada affrontata con consapevolezza contribuisce a rilassare la mente. Oltre ai benefici sul piano fisico e fisiologico, questa tecnica agisce sul nostro stato di coscienza, modificandolo. Possiamo dunque approfittare di questo stato per trasmettere dei messaggi positivi al nostro inconscio.
Possiamo praticare questo tipo di camminata in qualunque circostanza: in città o nella natura, quando passeggiamo tranquillamente o quando andiamo di fretta. In base al tipo di camminata, esistono vari modi per coordinare passi e respiro. Per saperne di più, consultate il volume *Régénération par la marche afghane: La respiration au service de la santé* di Édouard G. Stiegler.

Camminare secondo il Tai Chi Chuan

Ci si può avvicinare alla camminata meditativa anche attraverso i precetti del Tai Chi Chuan. Va da sé che la descrizione contenuta in questo capitolo non può essere considerata esaustiva: sarebbe necessario dedicare un volume a parte a quest'arte. Le righe che seguono vogliono semplicemente fornire al lettore alcune informazioni nell'ambito della nostra rassegna di camminate meditative.

Nel Tai Chi esistono alcune tecniche di camminata consapevole che mirano a predisporre l'animo all'armonia e alla meditazione. Tra di esse c'è il metodo chiamato Hui Cheng Yin. Lo scopo di questa tecnica è rilassare il corpo camminando molto lentamente; abbandonarsi al movimento restando sempre concentrati sul presente; costruire progressivamente una consapevolezza della solidità e della precisione della postura delle gambe, garantendo così l'espressione libera della parte superiore del corpo; fare in modo che le gambe reagiscano ai movimenti del bacino senza mai perdere l'equilibrio. Per praticare questo tipo di camminata bisogna assumere una postura naturale, distendere i muscoli delle gambe, respirare con il diaframma e rilassare la mente e il corpo. Come in tutti gli esercizi del Tai Chi, i movimenti devono essere estremamente lenti.

A titolo d'esempio, ecco un esercizio di base del metodo Hui Cheng Yin.[8]

8 Tratto dagli appunti di Gilles Salaün (2003), pubblicati dall'ARTCC (Association Régionale de Taï Chi Chuan).

Premessa

In questi esercizi, il bacino non deve né alzarsi né abbassarsi, ma spostarsi gradualmente, come se il suo centro fosse agganciato a un filo invisibile a un'altezza fissa da terra. Durante il movimento, il peso si sposta da un lato all'altro del corpo, alternando sensazioni di «vuoto» e di «pienezza». Gli arti vuoti devono essere completamente rilassati, ma non lasciati andare. I piedi procedono su due «rotaie» parallele, leggermente più larghe rispetto alla loro posizione naturale.

1. Camminata di base

Durante l'inspirazione, trasferite gradualmente il peso del corpo sulla gamba destra, fino a svuotare la gamba sinistra rilassando il lato sinistro del bacino. Portate la gamba sinistra, vuota, di fianco alla destra, distendetela e appoggiate il tallone a terra lungo la sua «rotaia».
Durante l'espirazione, trasferite gradualmente il peso del corpo sulla gamba davanti fino a svuotare la gamba dietro, sfruttando la distensione di quest'ultima per spostarvi.
Durante l'inspirazione, muovete in avanti la gamba vuota allungandola e appoggiando il tallone a terra e così via.
Osservazioni: non inclinate il corpo mentre vi muovete, ma rilassate il bacino e ripassate dal suo centro. Muovete la gamba vuota durante.l'inspirazione, finché il tallone non tocca terra. Trasferite il peso sulla gamba davanti durante l'espirazione, finché la gamba dietro non è vuota.

2. Camminata un braccio e una gamba

Questa tecnica utilizza il principio della camminata di base

Quando muovete la gamba vuota, sollevate davanti a voi anche il braccio corrispondente, come se gamba e braccio fossero collegati da un filo invisibile. Quando appoggiate il tallone a terra, appoggiate anche il «tallone» della mano immaginando che si posi su una superficie invisibile. Quando trasferite il peso sulla gamba davanti, abbassate il braccio fino ad allinearlo al fianco. La mano deve provare la stessa sensazione del piede quando tocca terra.

Durante questo movimento, l'altro braccio rimane disteso lungo il fianco, completamente rilassato.

3. Camminata due braccia e una gamba

Questa tecnica utilizza il principio della camminata di base

Quando muovete la gamba vuota, aprite entrambe le braccia disegnando, verso l'alto e in avanti, un grande cerchio. Quando appoggiate a terra il tallone, appoggiate i «talloni» di entrambe le mani davanti a voi, come su una superficie invisibile. Quando trasferite il peso sulla gamba davanti, abbassate le braccia verso il corpo, fino al livello del Tan Tien (sotto l'ombelico). Le mani devono provare la stessa sensazione dei piedi quando toccano terra.

A chi volesse approfondire questa tecnica consiglio d'imparare i principi fondamentali del Tai Chi (rapporto tra energia, corpo e mente) e quindi d'informarsi presso una delle tante organizzazioni che si occupano di trasmettere gli insegnamenti di questa disciplina.

La camminata «da salotto»

Non dovete per forza girare il mondo ed esplorare meravigliosi paesaggi naturali per scoprire voi stessi. Anche una semplice camminata attorno al divano di casa vostra può essere più che sufficiente, a patto però che la eseguiate con consapevolezza.
Ecco un esercizio semplice che potete svolgere a casa. Io lo faccio spesso quando non esco e ho bisogno di ritrovare il mio centro e rilassarmi un po'.
Si tratta di una camminata circolare che copre una distanza brevissima. Potete compierla attorno al divano, al tavolo da pranzo o in qualunque altro ambiente chiuso in cui possiate percorrere una circonferenza di circa quindici-venti passi.
In piedi, immobili, respirate cercando di acquisire consapevolezza della vostra verticalità. Cercate di apprezzare tutte le sensazioni fisiche legate allo stare in piedi. Potete scegliere se camminare con le braccia distese oppure con le mani giunte sulla parte bassa dell'addome. Il mento è leggermente rientrato e lo sguardo è rivolto a terra. Il corpo dev'essere il più possibile rilassato, soprattutto all'altezza delle spalle e della nuca.
Ora fate un passo concentrandovi su questo primo mo-

vimento e su tutte le conseguenze che produce nel vostro corpo. Camminate lentamente, attenti a percepire tutti gli elementi che concorrono al vostro movimento: i legamenti dei polpacci e delle cosce che entrano in tensione, i muscoli che si contraggono; la pianta dei piedi che tocca il pavimento; le braccia che oscillano leggermente, la nuca che mantiene la posizione... Lasciate fluire i pensieri senza trattenerli, ma cercando di concentrarvi sul vostro corpo e sul movimento che state compiendo. Respirate in modo naturale ma consapevole; dovete semplicemente essere coscienti del momento presente, senza giudicare né analizzare.
Dopo alcuni minuti, sollevate gli occhi e acquisite consapevolezza di ciò che vi circonda. Osservate la stanza con sguardo distaccato, senza interpretare, restando concentrati sul respiro. Ora posate nuovamente lo sguardo a terra e riprendete a camminare.
Vi sorprenderà scoprire fino a che punto una semplice camminata, per di più in un ambiente assolutamente comune, possa rivelarsi un toccasana e un modo efficace per ritrovare la pace e ricentrarsi.
Trovare la serenità mentale può essere facilissimo... proprio come camminare!

Le lunghe camminate a tappe

Le passeggiate brevi e solitarie, quotidiane o quasi, ci consentono di ritagliarci dei momenti di tranquillità e di meditazione molto gratificanti. L'esperienza e lo stile di vita che acquisiamo attraverso la pratica regolare di queste passeggiate hanno effetti molto positivi sulla nostra mente. Tale pratica ci permette di sperimentare diversi campi di consapevolezza e, di conseguenza, c'incoraggia a porci delle domande fondamentali. A lungo andare, la camminata meditativa – di qualunque tipo essa sia – ci farà entrare in un nuovo stato mentale e creerà una salutare distanza tra noi e i molti condizionamenti di cui siamo vittime.

Le camminate lunghe e articolate in tappe successive, invece, aprono la porta a una consapevolezza ancora più profonda. Dopo aver preparato il terreno con le nostre passeggiate quotidiane, affrontare una camminata di diversi giorni ci proietterà in una dimensione completamente nuova, a patto però che sia un'esperienza solitaria. In realtà, anche la presenza di un compagno di viaggio può rivelarsi un'occasione straordinaria per condividere la nostra esperienza, ma solo se entrambi sapremo rispettare la fondamentale esigenza di silenzio dell'altro.

Sono poche le persone che sentono il bisogno di isolarsi completamente dal resto del mondo e di restare sole. Eppure, non c'è occasione migliore per guardarsi allo specchio e fare un bilancio della propria vita. Tanto più che, assorbiti come siamo dalle nostre attività, non riusciamo quasi mai a ritagliarci qualche giorno tutto per noi, in cui essere davvero liberi.

La durata dell'esperienza (diversi giorni) ci permette

di disconnetterci completamente dal quotidiano e di ritrovare noi stessi. Tutti noi abbiamo provato questa sensazione partendo per le vacanze e lasciandoci alle spalle le preoccupazioni. Il punto, però, è che nelle vacanze normali ci limitiamo a sostituire i nostri impegni quotidiani con altri impegni: visitiamo nuovi luoghi, facciamo sport, usciamo con gli amici... Ansiosi di non sprecare nemmeno un minuto della nostra preziosa vacanza, pianifichiamo ogni tipo di attività, concedendoci al massimo qualche dormita sotto l'ombrellone. In pratica, facciamo esattamente quello che facciamo il resto dell'anno, però divertendoci. Per questo torniamo dalle vacanze felici e riposati, ma non radicalmente cambiati.

Nelle lunghe escursioni, se si eccettuano la scelta del percorso e la necessità di organizzare pasti e pernottamento, ogni energia è dedicata a camminare, e a nient'altro. Staccando dalla quotidianità e abbandonandoci alla semplicità del camminare, si spalancherà uno spazio meraviglioso all'interno di noi, che ci permetterà di riscoprire la nostra vera natura. Il nostro cammino, allora, diventerà iniziatico.
Il principale ostacolo sulla via che conduce alla riscoperta di sé sono gli impegni quotidiani, o meglio il peso che decidiamo di attribuire loro. Isolarsi e restare soli in mezzo alla natura elimina ogni possibilità di fare altro: ora, non rimane altra scelta che esplorare il proprio spazio interiore... oppure tornare a casa e riprendere le vecchie abitudini!

La ricerca di sé è una necessità che accomuna tutti gli esseri umani, credenti, agnostici o atei che siano. Provate a pensare al Cammino di Santiago. Ogni anno, moltissime persone intraprendono questo percorso. Tra loro ci sono cattolici, semplici appassionati di sport, agnostici e non credenti. Ma al di là delle etichette, colpisce che tutte (o quasi) le persone che affrontano il Cammino dicano di aver vissuto un'esperienza indimenticabile.
Le lunghe camminate hanno il potere di trasformare le persone. Una volta che ci siamo allontanati dalle nostre abitudini, non ci rimane altra scelta che riscoprire la nostra sorgente interiore. Come abbiamo visto, lo scenario in cui siamo immersi e lo sforzo fisico compiuto possono farci entrare in uno stato molto particolare, quasi di trance, che ci consente di accedere a livelli di consapevolezza superiori. Inoltre, la monotonia del camminare, la ripetizione di un gesto sempre uguale, ci conduce come un mantra verso sensazioni nuove e diverse. Infine, c'è il rapporto con il corpo e il forte legame che la camminata crea con il presente.

Per concludere, voglio raccontarvi un'esperienza personale.
Qualche anno fa ero appena uscito da una relazione. La rottura era stata complicata ed ero ancora parecchio scosso emotivamente, perciò ho deciso di concedermi una settimana di solitudine per andare a camminare. Ho preso una cartina del Sud-ovest della

Francia, ho indicato una zona a caso e sono partito, con l'intenzione di camminare e basta. Per tutto il primo giorno i miei pensieri hanno continuato a vorticare nella mente. Ma già il secondo giorno ho provato una sensazione di calma e di libertà straordinaria. Ho cominciato a esplorare aspetti della mia personalità che mi erano completamente sconosciuti. Alcune delle domande che mi angosciavano hanno cominciato a definirsi, e ho intravisto una risposta. Quando sono rientrato a casa, ero completamente trasformato – mio malgrado, sarei tentato di dire! La mia vita è ricominciata come prima, ma a quel punto potevo affrontarla con una visione radicalmente diversa e con un'energia tutta nuova.

Quei giorni sono stati incredibilmente benefici e hanno contribuito a convincermi ancora di più del fatto che le camminate, associate a una forma d'isolamento e di ritiro, siano il modo migliore per ristabilire la pace e fare chiarezza dentro di sé.

Camminare in compagnia

Se preferite camminare in compagnia di altre persone per condividere le vostre sensazioni e creare nuovi legami, sappiate che esistono associazioni che organizzano camminate meditative di gruppo. Queste iniziative possono rivelarsi molto utili per chi esita a fare il primo passo o è perplesso all'idea di affrontare una camminata solitaria. Le sedute di gruppo possono essere l'occasione ideale per scoprire la meditazione in movimento.

Nella vostra zona potrete sicuramente trovare degli esperti di camminate meditative. I corsi che organizzano in genere durano diversi giorni. Per i trekking più lunghi, solitamente si va dai due ai sette giorni. Lo scopo di queste iniziative è far conoscere ai partecipanti i principi della camminata consapevole; per farlo, gli organizzatori s'ispirano a diverse tecniche (zen, kin-hin, tao...). A completamento, talvolta propongono anche delle sedute di rilassamento dinamico o di stretching.

Se frequentati regolarmente, questi corsi possono rivelarsi molto interessanti, in quanto permettono di condividere le proprie sensazioni e di trarre beneficio dalla dinamica di gruppo. Possono essere un eccezionale stimolo a scoprire un approccio diverso alla camminata, che magari da soli non avremmo mai osato sperimentare.

Nell'ambito della spiritualità cristiana, segnalo l'esistenza dei raid Goum, trekking organizzati in ambienti desertici.

Questi «raid» sono destinati a tutti coloro che desiderano ritrovare se stessi camminando. I raid Goum combinano il trekking con il concetto di ritiro spirituale. Sotto la guida della fede cristiana, queste particolari camminate uniscono le esperienze dell'incontro con se stessi, della fede, della meditazione, della semplicità e della fraternità. Come spiegano gli stessi *goumiers*, la spiritualità comincia dai piedi; in questo modo, l'atto di camminare agisce su tutto il nostro essere. Camminando, il *goumier* impara a conoscere se stesso, a crescere, a vivere, a incontrare l'altro e a riscoprirsi grazie alla fede.

In questi raid, la semplicità dell'atto, la durata del cammino e le relazioni autentiche che si creano tra i partecipanti permettono di scoprire il proprio corpo e la propria anima, creando le condizioni ideali per esplorare se stessi e la propria spiritualità.

Questo approccio è nato nel 1969 da un'idea di Michel Menu, laico e figura maggiore dello scoutismo cattolico. I raid Goum si svolgono in qualunque tipo di ambiente desertico; i partecipanti, in gruppi di quindici-venti persone, affrontano dei percorsi di una settimana camminando per sei-otto ore al giorno, intervallate da pause regolari dedicate alla meditazione. Ogni gruppo è accompagnato da un prete incaricato di celebrare quotidianamente la messa e di offrire sostegno spirituale a chi lo desidera; i partecipanti, tuttavia, non sono obbligati a prendere parte alle attività spirituali.

I *goumiers* dormono sotto le stelle e consumano pasti frugali.

I raid Goum vengono praticati in Francia (Grands Causses, Cevenne, Corsica...) e in altri Paesi (in Terrasanta, in Italia, in Spagna, in Bosnia, in Turchia, in Israele, in Marocco).

Per informazioni e contatti, si veda: *www.goum.it*.

Oltre la camminata

Rigenerarsi vicino agli alberi

Qualunque passeggiata in mezzo alla natura non può prescindere da una comunicazione profonda con l'universo vivente, e in particolare con gli alberi. Gli alberi incarnano il legame tra la terra e il cielo. La loro potenza simbolica è immensa: rappresentano il cosmo vivente che si rigenera ininterrottamente, la sorgente della fecondità fisica, e sono un simbolo di protezione e di risveglio spirituale.

Non appena c'immergiamo nella natura, ci ritroviamo circondati dagli alberi. Allora perché non provare a stabilire una connessione più intima con loro? Esistono molti modi per entrare in contatto con l'energia degli alberi. Di seguito trovate qualche esempio.

1. Sentire l'energia di un albero

Scegliete un albero con una forma e un portamento che vi piacciano (evitate gli alberi fragili e ammalati). Posizionatevi davanti all'albero, con la schiena dritta e le gambe leggermente divaricate, ma in posizione sciolta. Appoggiate le mani sui due lati del tronco e chiudete gli occhi. Respirate in modo naturale e fluido e rilassatevi. Non pensate a nient'altro che al momento presente, liberate i pensieri dal controllo della mente. Restate in questo stato di apertura senza aspettarvi che accada qualcosa di particolare.

Ciascuno proverà sensazioni diverse. Qualcuno sentirà

un formicolio, qualcun altro una vampata di calore, un tremore, un senso di pesantezza o, al contrario, di leggerezza. Lasciatevi avvolgere da queste sensazioni per qualche minuto, assaporando la circolazione dell'energia.

2. Scambiare l'energia con un albero

In questo caso, per stabilire un contatto con l'albero bisogna prima eseguire un esercizio di visualizzazione. Mettetevi davanti all'albero, senza toccarlo, in posizione eretta e rilassata. Chiudete gli occhi. Ora visualizzate l'energia che dal cielo scende sulla vostra testa. Lasciate che questa energia penetri nel vostro corpo dalla sommità del cranio, fino a sedimentarsi nei piedi e poi scendere nel terreno, in profondità. Quindi visualizzate il percorso inverso, concentrandovi sull'energia che dalla terra risale attraverso il vostro corpo fino a tornare nel cielo.
Dopo aver eseguito questo passaggio preliminare, appoggiate le mani sui due lati del tronco per condividere questo campo energetico con l'albero. Come nell'esercizio precedente, non aspettatevi che accada qualcosa di particolare, restate semplicemente aperti e tenete la mente libera. Oltre alle sensazioni già sperimentate (formicolio, calore...), sentirete un flusso energetico che circola tra voi e l'albero. Restate immersi in questo flusso per alcuni istanti.

3. Ricaricarsi vicino a un albero

Questo esercizio permette di assorbire l'energia degli alberi per ricaricarsi.

Sedetevi ai piedi di un albero a gambe incrociate, o se preferite in un'altra posizione, purché siate a vostro agio. Appoggiate la schiena e la testa al tronco dell'albero. Posizionate una mano dietro la base della schiena, toccando la corteccia con il palmo, e l'altra sul plesso solare. Abbandonatevi alle sensazioni che provate utilizzando il respiro per ritrovare la vostra serenità interiore.

Queste tecniche – che qui ho descritto molto brevemente – sono soltanto degli esempi. Sentitevi liberi d'improvvisare sulla base della vostra sensibilità. L'importante è restare aperti, non pretendere nulla, non aspettarsi un risultato specifico ed essere il più possibile sereni.

Fare stretching

Spesso non siamo consapevoli del fatto che, se non pratichiamo un'attività fisica o non facciamo regolarmente stretching, il nostro corpo tende a contrarsi. Sotto la pressione quotidiana dello stress, sia fisico sia mentale, muscoli e tendini accumulano tensioni che, poco alla volta, ci rendono rigidi. Se concederemo più spazio al nostro corpo e doneremo ampiezza ai nostri movimenti, le tensioni si dissolveranno, aiutandoci a prevenire i disturbi legati all'invecchiamento (rigidità, dolori articolari, artrosi...). Per questo è importante dedicare un po' di tempo ogni giorno ad allungare i nostri muscoli.

Lo stretching stimola la circolazione sanguigna, il sistema linfatico e mette in circolo nuove energie. Anche i benefici cardiovascolari sono considerevoli, così come quelli sulla mobilità e solidità dello scheletro e sulla flessibilità delle articolazioni.

Allungare muscoli e tendini fa bene anche al nostro equilibrio psichico. È un modo efficace per scaricare le tensioni da stress ed è un'occasione per diventare un po' più consapevoli del nostro corpo dirigendo la nostra attenzione verso muscoli e articolazioni. Infine, dal momento che lo stretching è legato al controllo del respiro, eseguire una serie di esercizi di allungamento ci permette di lavorare sulla respirazione.

Mentre si cammina, quando si fa sport, in qualunque momento della giornata, fare stretching è importante. Le posizioni dello yoga possono essere di grande aiuto in questo senso. Vi basterà una rapida ricerca su internet (cercate: «esercizi di stretching yoga» su un motore di ricerca) per farvi un'idea degli esercizi di base.

Come per la camminata e la respirazione consapevole, approfittate di queste sedute di stretching per concentrarvi su voi stessi e sul vostro respiro. E non dimenticate che questi esercizi sono un modo diverso per ricentrarsi e ritrovare se stessi.

ALTRE CAMMINATE

La camminata dei masai

Qui parleremo dei vantaggi del camminare a piedi nudi. Anche se ci concentreremo sui benefici per il corpo, non va dimenticato che qualunque camminata può prestarsi alla meditazione.
I pregi di questa tecnica derivano, molto semplicemente, dal fatto di camminare a piedi nudi. In alcune tribù isolate, uomini e donne hanno l'abitudine di camminare scalzi anche su terreni accidentati. È il caso, ad esempio, dei masai dell'Africa orientale, noti per il portamento fiero e l'andatura dritta e armoniosa. Da alcuni studi è emerso che queste popolazioni non soffrono di dolori articolari, in particolare a livello delle ginocchia, del bacino e della schiena.
Il nostro corpo è fatto per camminare a piedi nudi. È sempre stato così, fa parte della nostra natura. Ma a quanto pare col tempo ce ne siamo dimenticati, e così abbiamo iniziato a rinchiudere i nostri piedi in calzature che ne impediscono il movimento completo. Eppure, non c'è niente di più sano e di più piacevole che camminare a piedi scalzi, a patto ovviamente che il clima e il terreno ce lo permettano.
Quando camminiamo senza scarpe, per prima cosa

appoggiamo a terra il tallone, poi spostiamo il peso in avanti lungo la pianta del piede e infine ci stacchiamo da terra con la punta delle dita. Sfruttiamo interamente la flessibilità dell'arto, cosa che indossando delle calzature, specialmente con la suola rigida e spessa, è più difficile fare. Secondo gli esperti di kinesiterapia, questo movimento fluido del piede contribuisce all'allineamento delle vertebre; inoltre, mette in movimento dei muscoli solitamente poco sollecitati – in particolare quelli che contribuiscono al controllo posturale – e sviluppa i dorsali, i glutei, gli addominali e i muscoli posteriori della coscia. Stesso discorso anche per le articolazioni, che vengono stimolate in modo naturale. Grazie a tutte queste sollecitazioni, il corpo riacquista il suo equilibrio e la colonna vertebrale si raddrizza.
Spesso, non ci rendiamo bene conto del fatto che i benefici fisici del camminare passano innanzitutto dal corretto movimento del piede, un movimento completo, dal tallone alla punta. Purtroppo, la vita sociale ci costringe a rinchiudere questa parte così delicata del nostro corpo. Indossare scarpe è sicuramente utile per proteggersi dal freddo e dagli oggetti taglienti che possono trovarsi a terra. A rifletterci bene, però, le occasioni in cui possiamo camminare a piedi nudi sono tantissime. In casa nostra d'estate, ad esempio; ma anche in inverno, indossando dei calzini o un paio di pantofole morbide. Naturalmente il momento più indicato è la bella stagione. Camminare scalzi – in casa, in spiaggia o altrove – potrebbe diventare un'abitudine.

A ogni modo, una soluzione per far fronte ai capricci del clima e alle esigenze della vita sociale c'è: se volete camminare quasi come se foste scalzi, potete indossare delle calzature appositamente concepite per riprodurre l'effetto di camminata a piedi nudi, le MBT (Masai Barefoot Technology). Queste scarpe sono dotate di speciali suole curve progettate per favorire il naturale movimento del piede. Simulando la naturale instabilità del terreno, obbligano piedi e corpo a lavorare; in questo modo, il fisico è costretto a restare attivo e a ricercare costantemente l'equilibrio.

Al di là del marketing che inevitabilmente accompagna il lancio di un nuovo prodotto, pare che queste scarpe siano raccomandate da un numero sempre maggiore di professionisti del settore sanitario. Il loro utilizzo rafforzerebbe i muscoli addominali, dorsali e delle gambe, alleggerirebbe il carico delle articolazioni, migliorerebbe l'equilibrio e favorirebbe la circolazione del sangue. Gli appassionati sostengono che le Masai Walking sono il modo più semplice e piacevole per avere un fisico sano e allenato. Sarebbero inoltre indicate per chi ha problemi di sovrappeso, poiché permettono di bruciare grassi, di sollecitare i muscoli e di alleggerire le articolazioni.

Queste calzature, che spesso hanno la forma di scarpe da ginnastica, sono commercializzate con il nome di MBT o Masai Walking. La prima volta che le si indossa possono fare un effetto strano: è perché siamo troppo abituati a camminare alla vecchia maniera. Possono persino dare una sensazione di affaticamento. Per questo raccomando di non esagerare, all'inizio: meglio cominciare indossandole una ventina di minuti al giorno e poi pian piano aumentare.

La camminata contemplativa

Al giorno d'oggi, le occasioni di contatto con la natura sono sempre più ridotte. Spinti da necessità economiche e professionali, ci ammassiamo in metropoli che crescono sempre di più. Più la nostra città è grande, meno è facile uscirne e più è scomodo prendere la macchina, un autobus o la metro per andare a fare due passi in mezzo alla natura. Ed è un vero peccato, perché così facendo ci priviamo del nostro migliore alleato, la natura, l'entità cui apparteniamo e che influenza così profondamente la nostra vita. Preferiamo invece dedicarci alle mille attività che la città ci propone.
Siamo sommersi dal lavoro, dai divertimenti, dalla cultura. Non ci resta neppure un minuto per fermarci e osservare ciò che ci circonda. Siamo così terrorizzati dal vuoto che preferiamo soffocare sotto i nostri impegni quotidiani. Eppure, soltanto creando un po' di vuoto dentro di noi possiamo davvero sentirci vivi.
Quindi perché non decidere di approfittare delle nostre passeggiate per contemplare ciò che ci circonda? Del resto, non è forse questo il nostro obiettivo quan-

do usciamo a fare due passi? L'apparizione di un ruscello, di un albero, di un animale selvatico ha il potere di stupirci e rasserenarci. L'osservazione della natura non può che trasmetterci calma e tranquillità.
«Quando vediamo un albero, un fiore, una persona, li vediamo veramente, oppure vediamo l'immagine che la parola ha creato?»
Come in questa citazione di Jiddu Krishnamurti, la camminata contemplativa può diventare meditativa se decidiamo di osservare le cose che ci circondano con sguardo distaccato. Guardiamole con occhi diversi, come un bambino che scopre una cosa nuova e la ammira senza far ricorso al suo bagaglio di conoscenze.
Proviamo a porci questa domanda: vediamo veramente quest'albero che sta qui davanti a noi, o stiamo creando una distanza tra noi e lui? La maggior parte delle volte, osserviamo la sua forma e gli attribuiamo un nome. Ne valutiamo il peso e le dimensioni, lo analizziamo e giudichiamo. Invece di limitarci a contemplare questa manifestazione della vita, conduciamo una sorta d'indagine e tiriamo delle conclusioni: è un albero, è bello, normale, massiccio, slanciato, è un latifoglie, è una conifera... Insomma, mille parole si frappongono tra noi e ciò che stiamo osservando.
Ognuna di queste parole crea una distanza e ci allontana un po' di più dalla pura e semplice contemplazione. E se invece di concentrarci sull'altezza, sulla specie o su altri attributi imparassimo a guardare veramente quest'albero, a coglierne appieno la presenza, la grazia

e la bellezza? Ad apprezzare ciò che questo essere vivente può trasmetterci, per il semplice fatto di esistere? Dobbiamo imparare a osservare e a meravigliarci mentre camminiamo. A osservare, semplicemente, e a godere della bellezza delle cose, senza sentirci obbligati a classificarle. Questo modo di camminare è sorprendentemente liberatorio. Ci permette di ancorarci nel presente, di aprire il nostro cuore e di donare pace alla nostra anima.
Come diceva Krishnamurti: «Il silenzio completo, in cui non c'è né osservatore né cosa osservata, è la più alta forma di religiosità».

Camminare per trovare ispirazione

Avete mai notato che spesso, quando siamo preoccupati, cominciamo a camminare avanti e indietro per il salotto o per il giardino? È come se camminare ci aiutasse a concentrarci e a trovare una soluzione al problema che ci affligge.
Quindi, anche se non bisogna nutrire particolari aspettative quando s'intraprende una camminata meditativa, è interessante notare il contributo che una semplice passeggiata può dare alla risoluzione dei nostri dubbi.
Camminare può fornire una risposta alle domande che ci poniamo nella vita di tutti i giorni. Quando non riusciamo a venire a capo di una questione, una passeggiata in un bosco può venirci in aiuto.

La tecnica della visualizzazione, unita all'atto di camminare, può fornire la risposta alle domande che ci tormentano, pratiche o esistenziali che siano. La procedura è molto semplice: in uno stato di profondo rilassamento, visualizzate un luogo tranquillo nel quale muovervi e formulare la vostra domanda. Dopodiché inviate simbolicamente la domanda all'universo, al vostro io profondo, alla vita... in attesa di ricevere una risposta. Quindi uscite a fare una passeggiata nel luogo che avete scelto, senza pensarci troppo, e «aspettate» restando il più rilassati possibile. La risposta generalmente si manifesta attraverso dei segni provenienti dall'esterno oppure tramite un'intuizione o una riflessione interiore.

A volte, quando ho bisogno di trovare l'ispirazione, mi servo di questa tecnica applicandola a modo mio. Sia ben chiaro, non sto dicendo che funziona sempre e che in un batter d'occhio troverete la soluzione a tutti i vostri problemi. Ma vi assicuro che, almeno per quanto mi riguarda, a volte funziona. Per dimostrarvelo, voglio condividere con voi una mia recente esperienza.

Erano diversi giorni che mi sentivo completamente impotente di fronte a una situazione che mi angosciava sempre di più. Ho deciso allora che le mie risorse mentali e il mio intelletto avevano bisogno d'aiuto e ho cercato la risposta altrove. Non ho usato la tecnica della visualizzazione per formulare la domanda, mi sono semplicemente concentrato sul mio problema e poi sono uscito a camminare in un bosco non lontano

da casa mia, per un'ora. Appena arrivato nel bosco, ho riformulato per un'ultima volta la domanda mettendoci tutta la convinzione che ho potuto. A quel punto, ho cominciato a camminare con la maggiore consapevolezza e il maggior distacco possibili. Una volta posta la domanda, ho smesso di rimuginare sulla questione. Come sempre, camminare mi ha fatto sentire più sereno e sono rientrato a casa tranquillo e rilassato. La sera, davanti al computer, mentre navigavo su internet mi sono imbattuto «per caso» in un articolo che ha attirato la mia attenzione. Soltanto la mattina dopo mi sono reso conto che avevo trovato una risposta alla mia domanda. Quell'articolo aveva messo in moto una riflessione grazie alla quale ero riuscito a risolvere i miei dubbi. Finalmente avevo una risposta!
La risposta non si è manifestata subito, durante la passeggiata, ma il giorno dopo tutto era chiaro e limpido!
Questo modo di camminare è ispirato alla ricerca della visione propria della cultura dei nativi americani. Essa permette di entrare in contatto con il proprio io profondo, con la propria vera natura. Questa tecnica è stata perfezionata da Brandt Morgan, maestro e istruttore tolteco, formatosi nella tradizione dei Cavalieri dell'Aquila di Don Miguel Ruiz, autore del best seller *I quattro accordi*.

Obiettivi

Trovare risposte alle domande che tutti noi ci poniamo; essere in grado di accogliere, grazie allo stato di

apertura generato dal camminare, i segnali e l'ispirazione provenienti dal proprio io profondo.
Questo tipo di camminata, che si colloca nel solco della tradizione sciamanica, può essere praticato in qualunque luogo: in mezzo alla natura, in città o a casa propria.

Come si mette in pratica

Pensate a un problema che vorreste risolvere. Formulate la domanda la cui risposta vi permetterà di trovare una soluzione alla questione che vi affligge. Concentratevi e assimilate questa domanda meditando su di essa per alcuni minuti. Ora visualizzatela come preferite e offritela in dono all'universo. Brandt Morgan consiglia d'immaginare di scrivere la domanda su un palloncino gonfiato con l'elio e di liberarlo guardandolo salire verso il cielo.
Ora iniziate a camminare, lentamente, all'aria aperta oppure in casa, e lasciatevi guidare dai vostri passi. La prima raccomandazione è di lasciarvi andare completamente, senza forzature e senza proiettarvi in avanti: concentratevi solo sul momento presente. La seconda è di restare vigili e ascoltare i cinque sensi. Tutto può essere interpretato: un dettaglio che balza all'occhio, un suono, un odore... Lasciate che i pensieri vengano da voi. Osservate le immagini mentali, le idee e i ricordi che affiorano alla vostra mente. Lasciate vagare liberamente lo sguardo su ciò che vi circonda.
Può darsi che la risposta si manifesti attraverso un se-

gno esterno. Se vi trovate in città, ad esempio, la vostra attenzione potrebbe essere attirata da un cartello, un'insegna o una scena collegati alla vostra domanda. Se siete in campagna, potrebbe trattarsi di un animale, di un albero o di un cambiamento nel clima... Persino in un ambiente familiare come casa vostra possono manifestarsi dei segni. La risposta può trovarsi ovunque e può concretizzarsi anche attraverso una riflessione interiore o un'intuizione improvvisa.

Lo scopo di questa camminata è farci notare uno o più segni che convalidano il nostro ragionamento e forniscono una risposta ai nostri interrogativi. Tale fenomeno prende il nome di sincronicità.

Per eventuali approfondimenti riguardo a questa tecnica, rimando al libro di Brandt Morgan, *Vision Walk: Asking Questions, Getting Answers, Shifting Consciousness*.

Camminare può essere una grande fonte d'ispirazione. La risposta alle nostre domande e alle nostre preoccupazioni a volte si trova nel movimento e in questa forma d'introspezione. Nella domanda, seguita dal rilassamento e dalla capacità di lasciar andare.

Camminare nel presente

Ogni volta che il concetto di presente appare,
ogni volta che la felicità non si può proiettare,
ogni volta che l'uomo è appagato dal camminare,
più della meta conta il percorso.

Se riuscirò ad avere o a fare questa cosa, sarò felice: quante volte ci è capitato di pensarlo? Tuttavia, i nostri progetti ci rendono felici solo se riusciamo a viverli nel presente. Non sono mai veramente e definitivamente appaganti, neppure quando li realizziamo.

La vera felicità sta nel percorso, nell'istante presente, nel mettere un piede davanti all'altro. Fermare la giostra dei progetti e della pianificazione del futuro non può che farci bene. Sospendiamo per un attimo i ritmi frenetici delle nostre vite e concentriamoci su ciò che proviamo quando i nostri piedi toccano terra. Camminiamo tenendo sempre a mente che ciò che conta non è la meta. Sentiamo ogni singolo passo e diventiamo consapevoli del continuo divenire della nostra esistenza.

Ma la nostra mente è irrequieta e al suo interno i pensieri si susseguono senza soluzione di continuità, come in un lungometraggio che non finisce mai. Che cosa possiamo fare per sospenderli per un po' e godere così del momento presente?

Se è vero che il nostro cuore non può smettere di battere nemmeno per pochi istanti, i nostri pensieri, invece, possono benissimo interrompersi per un po' di tempo senza che la nostra integrità, sia fisica sia mentale, ne risenta. Camminare è un ottimo modo per placare l'irrequietezza interiore. Fare un passo dopo l'altro è un gesto naturale, semplice e straordinariamente rilassante. Il silenzio, l'essere allo stato puro: ecco che cosa possiamo ottenere camminando.

Il semplice fatto di uscire per un po' dal nostro ambiente professionale e familiare e d'immergerci nella natura ci permette di interrompere, almeno in parte, il flusso continuo dei pensieri legati alla quotidianità. Possiamo dedicare i primi passi della nostra passeggiata a osservare ciò che ci circonda. La semplice osservazione della natura ha il potere di modificare la direzione dei nostri pensieri, contribuendo a creare la condizione di tranquillità, o meglio di profonda beatitudine, che si prova quando si vive nel presente e si è pienamente consapevoli di ciò che si fa.

Per quale scopo camminare? Nessuno!

«Per saper camminare, bisogna essere capaci di non andare da nessuna parte. Più importante della meta è il percorso.»

Quando facciamo una passeggiata, evitiamo di prefiggerci uno scopo o dei risultati immediati. Camminiamo e basta, se possibile all'aperto. La natura è particolarmente adatta a questo tipo di ricerca, dal momento che offre a tutti una fonte d'ispirazione e di serenità ineguagliabile. Agisce su di noi senza che ce ne rendiamo nemmeno conto.
E allora camminiamo per il semplice piacere di farlo, senza altro scopo. Non inseguiamo un obiettivo preciso; non aspettiamoci, ad esempio, che la passeggiata

ci faccia ritrovare la tranquillità, l'ispirazione o qualunque altra cosa. Limitiamoci a fare ciò che stiamo facendo: camminiamo. Se riusciremo a ritrovare il nostro centro, i risultati arriveranno spontaneamente, senza imposizioni da parte della nostra mente.

Camminare senza una meta

Per sperimentare gli effetti di questo approccio, andate in un bosco o in un altro ambiente naturale che conoscete bene. Non scegliete una foresta grande migliaia di ettari, o rischierete di perdervi! Una volta arrivati sul posto, cominciate a camminare a caso, senza una meta. Ben presto vi accorgerete che, al primo bivio, la mente s'intrometterà per dirvi da quale parte andare e perché. Vi dirà che è meglio passare di qui perché questo sentiero porta a un grazioso ruscello, oppure di là perché altrimenti rischiereste di allungare troppo la strada e di non rientrare in tempo, o perché questo o perché quest'altro...

Vi renderete conto, allora, di quanto sia difficile vagare senza un programma e un obiettivo preciso. Non lasciatevi scoraggiare, provateci lo stesso: camminate senza una meta, senza prendere nessuna decisione. Vi sentirete incredibilmente leggeri. Sarete pervasi da un senso di calma e di libertà e quando uscirete dal bosco vi sentirete lavati, ripuliti di tutte le preoccupazioni che gravano sulla vostra esistenza.

Camminare in questo modo è estremamente liberatorio. Consente di ridimensionare il peso che gli obiettivi hanno sulle nostre vite e di capire che, a volte, l'obiettivo migliore è non avere obiettivi. Ogni tanto, concedetevi di vivere senza inseguire alcun traguardo: vi sentirete incredibilmente liberi. E vi renderete conto che, spesso, i traguardi che cercate di raggiungere sono frutto di un condizionamento esterno.
Spinti dalle necessità imposte dalla carriera scolastica e dalle insistenze dei nostri genitori, abbiamo dovuto scegliere molto presto su quale strada indirizzare la nostra vita. Ma, a pensarci bene, non ha molto senso che un ragazzo fresco di diploma prenda una decisione irrevocabile sul suo futuro e sul lavoro che farà, una decisione che condizionerà tutta la sua esistenza. E anche se spesso la vita si mette di traverso costringendoci a cambiare rotta all'improvviso, resta il fatto che sul piano personale ci limitiamo a seguire un unico grande obiettivo per tutta la vita, precludendoci la possibilità di esplorare altre strade che forse avrebbero in serbo grandi sorprese. Ecco perché ogni tanto dobbiamo liberarci da queste catene e vivere pensando solo al momento che stiamo vivendo e alle emozioni che esso ci ispira.
Farlo è molto difficile. Per riuscirci, dovremo avere completa fiducia nella nostra capacità di cambiare grazie alla sola forza di ciò che viviamo nel presente. Dovremo inoltre liberarci delle nostre paure e del clima

d'insicurezza che ci viene imposto dalle persone che ci circondano, dai pessimisti, dai media e a volte persino dai nostri cari.
All'inizio, mi capitava di programmare una passeggiata di un'ora decidendo a priori che si sarebbe trattato di un momento meraviglioso. Solo che, una volta arrivato sul posto, mi rendevo conto che la mia mente era in ebollizione e che io mi sentivo tutt'altro che rilassato. A quel punto, ingaggiavo una lotta furiosa con la mia mente – maledetta guastafeste, come si permetteva di rovinare la mia ora di relax? – e alla fine tornavo a casa più stanco di prima.
Adesso sono consapevole del fatto che non posso essere zen al cento per cento ogni giorno, e sono in grado di accettarlo senza troppi drammi. Guardo in faccia la realtà, con benevolenza. E mi rendo conto che, così facendo, tensione e ansia si volatilizzano come per miracolo. È incredibile che cosa si può ottenere osservando con sguardo comprensivo e distaccato le proprie preoccupazioni!
Le varie strategie che abbiamo appena analizzato ci permettono di sottrarci all'ansia da risultato. Non siamo più al lavoro o in mezzo agli altri, siamo immersi nella natura! Che cosa potrà mai succederci? Comunque vada, passeggiare in un bosco non potrà che farci bene, se non altro sul piano fisico. Più riusciremo a liberarci dell'ansia da risultato e ad accettare che non possiamo ottenere tutto ciò che vogliamo, più le porte della gioia si apriranno.

Avere un proposito, non un obiettivo

Quando uscite a fare una camminata, di solito avete in mente un proposito, ad esempio rilassarvi per ritrovare la pace e la gioia interiori. In genere formulate questo proposito prima d'iniziare, ad esempio nel momento in cui decidete di andare in un bosco e vi mettete in viaggio per raggiungerlo. Bene: una volta formulato, liberatevene. Non sentitevi vincolati al vostro proposito. Questo non vuol dire che non debba più avere alcun significato per voi, ma che esprimerlo una volta sola è più che sufficiente per dare un senso alla vostra passeggiata. In questo modo eviterete pressioni inutili e, quando vi troverete nel luogo prescelto per camminare, dovrete solamente essere voi stessi, senza altro pensiero se non quello di assaporare ogni passo nel presente e di aprirvi allo spettacolo della natura.
Riuscirci è facilissimo: vi basterà affidarvi completamente alla vostra vera natura, così come vi affidate al vostro corpo sapendo che vi porterà dove volete. È tutto qui, non c'è altro da fare.

Il segreto è la semplicità

«Secondo me, alla base di tutto dev'esserci... un concetto semplicissimo. E credo che una volta che l'avremo scoperto, questo concetto sarà così travolgente e

così bello che ci diremo: 'Oh! Non poteva che essere così!'»
John Wheeler, fisico, citazione tratta dal documentario televisivo intitolato *The Creation of the Universe*.

Camminare ci permette di riscoprire una forma di semplicità. C'è forse qualcosa di più semplice e naturale che camminare? Camminando passo dopo passo, con consapevolezza, potremo apprezzare veramente il tempo, il presente e tutte le gioie offerte dall'istante che stiamo vivendo, senza ricorrere ad artifici. Il semplice fatto di camminare ed essere consapevoli di ciò che siamo e di ciò che stiamo facendo ci permetterà di capire che, in fondo, non ci serve molto per sentirci bene. All'inizio sarà difficile prenderne atto, ma con il tempo e con un po' di esercizio ci renderemo conto che possiamo sentirci appagati grazie alla semplice consapevolezza di noi stessi e di ciò che facciamo.
Dopo una passeggiata, non mi capita mai di precipitarmi nel primo negozio che incontro per sfogare i miei istinti di consumatore. L'istante presente mi dà tutto ciò che mi serve. Mi limito a respirare e ad abbandonarmi alle sensazioni che provo, e questo mi basta. Sento che la mia esistenza è già abbastanza ricca così, non ho bisogno di aggiungere nulla. La mia vita presente mi appaga totalmente.
Imparando a ritagliarci regolarmente un po' di tempo per camminare potremo apprezzare la felicità del pre-

sente. E più impareremo a nutrirci di questi momenti di semplicità e di gioia, meno sentiremo il bisogno di ricorrere a uno degli innumerevoli surrogati che servono a riempire il vuoto dentro di noi.

Lasciar andare

Il concetto di lasciar andare è fondamentale per la meditazione. Nella vita, tutti noi siamo abituati a lottare per raggiungere i nostri obiettivi. La società non fa altro che ripeterci che, per avere successo, bisogna lavorare sodo e combattere le avversità. In effetti, il mondo funziona così: la competizione tra individui e i conflitti di potere ci spingono a lottare contro tutto e tutti. Ma quando si tratta di noi e della nostra interiorità, la situazione cambia. Dobbiamo smetterla di lottare contro noi stessi.

Più cerchiamo di combattere le nostre debolezze, meno riusciamo a vederle per come sono realmente e più diamo loro forza e importanza. Da qui la necessità d'imparare, in certi momenti della vita, a lasciar andare: lasciar andare quando c'intestardiamo su un problema. Lasciar andare, più in generale, accettando che ostinarsi a lottare non ci porterà da nessuna parte.

Quale delle nostre battaglie ci ha reso veramente felici, in modo duraturo? Alcune di esse, naturalmente, sono state fondamentali per realizzare dei progetti; ma alla fine, dopo i sacrifici fatti per raggiungere il nostro obiet-

tivo, che cosa ci è rimasto? La felicità di aver raggiunto un traguardo per poi ributtarci a capofitto in un'altra battaglia?
Più ci ostiniamo a lottare contro un ostacolo, più l'ostacolo guadagnerà forza. E possiamo star certi che questa forza finirà per ritorcersi contro di noi! Se invece decidiamo di osservare con sguardo neutro il problema, senza instaurare rapporti di forza, se lo osserviamo e basta, la situazione si risolverà spontaneamente.
Osservare senza combattere non è un segno di viltà o di debolezza. Significa accettare la realtà così com'è, per il semplice fatto che è così.
Per riuscirci, occorre accettare il concetto di abbandono. Non nel senso della rinuncia per mancanza di alternative, ma nel significato più autentico della parola: accettare liberamente e con gioia la realtà delle cose. Forse sarebbe meglio parlare di *abbandonarsi*, più che di *abbandonare*. Abbandonarsi al fluire della vita, del presente e di tutto ciò che accade. Per farlo, dobbiamo lasciar andare. Distaccarci dalla nostra mente e dai suoi turbamenti, positivi o negativi che siano.
Detto questo, non ci si può costringere a lasciar andare. Non basta che la nostra mente ci ordini di farlo. È per questo che, per lasciar andare veramente, bisogna «abbandonarsi» al lasciar andare.
Dobbiamo solo fidarci della vita, così come ci fideremmo di un amico. Tutto qui, non c'è altro da fare.
Ecco che cosa significa lasciar andare. Significa abbandonarsi fiduciosamente al fluire della vita. Abbando-

narsi al lasciar andare, perché voler lasciare andare è già di per sé voler fare troppo.

Rinunciare alla pretesa di controllare tutto

Il Maestro vede le cose così come sono,
senza cercare di controllarle.
Lascia che seguano la propria strada,
e rimane al centro del cerchio.

Troppo spesso abbiamo la pretesa di controllare ogni aspetto della nostra vita; eppure, giunti alla fine del cammino, ci rendiamo conto che questa pretesa è un'illusione e che la vita, incurante dei nostri piani, obbedisce ai suoi. E cioè al caos, un caos che però ha una logica, anche se il suo senso a volte ci sfugge (sempre ammesso che riusciamo a trovarne uno). Proviamo a meditare su questo durante le nostre passeggiate. Rinunciamo alla pretesa di controllare tutto e abbandoniamoci al silenzio e alla pace del camminare.

Camminate tranquilli, non vi manca nulla!

«Quando capisci che non ti manca nulla, tutto il mondo ti appartiene.» Lao Tse.

C'è qualcosa che ci manca, quando camminiamo in un bosco? No, nulla! Ci servono dei gioielli per passare un po' di tempo in mezzo alla natura? Ci serve forse un iPhone come quello del nostro collega?
Quando osserviamo la natura, ci accorgiamo che essa non si agita, che non ha fretta. Eppure, al suo interno tutto accade o accadrà in completa tranquillità. Non manca nulla.
Passiamo la vita a convincerci che ci manchi qualcosa. Non facciamo in tempo a soddisfare un desiderio che già stiamo pensando al successivo. Inseguiamo traguardi fino al giorno della nostra morte. E anche se è naturale sentire il bisogno di fare qualcosa e di essere inventivi e creativi, una cosa dobbiamo ammetterla in questa esistenza passata ad agire, ed è che a livello profondo non ci manca nulla. La pace, la felicità, la gioia sono qui, alla portata di tutti. Solo che non si ottengono comprando oggetti o migliorando la propria posizione sociale. Ci si può sentire poveri pur avendo tutto il denaro del mondo, o al contrario ricchi senza avere un soldo in tasca. Si può anche essere ricchi o poveri su entrambi i piani. In fondo ogni cosa è qui, presente, a portata di mano.
Provate a meditare per alcuni minuti, e sentirete di essere già perfettamente completi. La vostra mente e la vostra anima non sono affatto incomplete, anzi sono la chiave per accedere alla felicità. Un senso di pienezza vi pervaderà e sentirete di essere profondamente interi e compiuti.

La perfezione del presente

Impariamo a essere consapevoli di ciò che è, della nostra semplice presenza e di tutto ciò che accade attorno a noi in questo istante. Soltanto così potremo sentirci davvero completi e appagati nel presente, senza la necessità di proiettarci verso un'ipotetica felicità futura. Come siamo in questo preciso istante? Come ci sentiamo? Ci manca qualcosa? Dimentichiamoci della nostra mente, che di sicuro comincerà a fare l'inventario di tutte le cose – soprattutto materiali – che non abbiamo. Concentriamoci sull'essenziale e prendiamo coscienza del fatto che siamo qui, semplicemente seduti, e che non ci manca nulla! Respiriamo, il nostro corpo funziona a meraviglia, non soffriamo né il freddo né il caldo, la nostra pancia è piena. E allora che cos'aspettiamo a vivere, a vivere davvero, a essere felici?

La vita è straordinariamente semplice: basta lasciarsi trascinare dalla corrente e non perdere tempo a cercare di controllare tutto. Soltanto quando capiremo che essere felici è semplicissimo ci sentiremo davvero appagati.

E allora forse capiremo che camminare non è compiere qualcosa, è andare verso qualcosa di già compiuto.

Ogni cosa è racchiusa nella nostra coscienza, non ci manca nulla! Nell'istante in cui lo capiremo, in cui lo comprenderemo a fondo, tutti i nodi della nostra vita si scioglieranno. Smetteremo di mimetizzarci e impareremo ad accettare gli eventi che costellano la nostra esistenza e a trarne vantaggio. Saremo più aperti alle novità e ai cambiamenti, e il concetto di frugalità assumerà un nuovo significato. In poche parole, diventeremo consapevoli della nostra ricchezza, e questo non ha prezzo! Come diceva Spinoza: «Per realtà e perfezione intendo la stessa cosa».

Ogni cosa è perfetta! Eppure, tutti noi abbiamo la pessima abitudine di notare solo ciò che non va. Vorrei avere questa cosa, quest'altra non mi piace e via dicendo. Siamo così ossessionati dall'idea di avere una vita perfetta che, non appena un granello di sabbia viene a disturbare (così crediamo) la nostra armonia perfetta e idealizzata, c'impuntiamo su quel dettaglio e tutto il resto scompare. E invece dovremmo prendere atto del fatto che, a pensarci bene, nella maggior parte dei casi tutto funziona alla perfezione.
Prendiamo coscienza del fatto che il nostro il corpo è uno strumento meraviglioso che ci permette di aprirci al mondo e che ce ne restituisce un'immagine perfetta. Cogliamo la perfezione del presente: quando camminiamo in un bosco, i nostri passi sono perfetti, il nostro respiro è perfetto. Il divenire di ciò che ci circonda è perfetto. L'istante presente racchiude in sé ogni cosa, perfettamente, affinché possiamo essere felici. Impariamo a non chiedere di più e, grazie a un po' di allenamento, sono convinto che scopriremo che nella nostra vita quotidiana si nasconde molta più perfezione di quel che crediamo.

DA MEDITARE IN CAMMINO

Come abbiamo visto, camminare favorisce la meditazione. Ci aiuta a ricentrarci, a mettere a tacere il brusio della mente e a farci riscoprire la nostra essenza più profonda.
Ma le nostre camminate possono anche essere l'occasione giusta per porci alcune domande fondamentali e riflettere su argomenti filosofici e religiosi. La serenità mentale e la riflessione meditativa indotte dalla camminata possono diventare due grandissime alleate per meditare sulla nostra esistenza e sui grandi temi della vita.
Alcuni di questi temi possono aiutarci a capire perché certe cose accadono e a guardare e affrontare gli eventi della vita con un atteggiamento nuovo. Di seguito trovate alcuni spunti su cui riflettere durante le vostre camminate.

Vivere in modo cosciente

«Ciò che non viene alla coscienza torna sotto forma di destino.» C.G. Jung

Solo nel momento in cui capiremo che viviamo in modo

inconscio ci sarà chiara l'assoluta necessità di vivere e di decidere consciamente. A ben guardare, molte delle nostre scelte, delle nostre decisioni e, più spesso ancora, delle nostre reazioni sono dettate dall'inconscio. Riportare alla coscienza alcuni dei nostri riflessi condizionati potrà evitarci molte conseguenze spiacevoli.
La rabbia incontrollata è un'azione inconscia. Essa mette in atto una serie di schemi che si sono formati durante l'infanzia e si sono in seguito consolidati nell'età adulta. Stesso discorso per le emozioni. Non sto dicendo che dobbiamo dominare e ingabbiare tutte le nostre emozioni con la scusa che sono l'effetto di una reazione inconscia, ma che dovremmo essere consapevoli del fatto che le nostre reazioni automatiche a volte ci spingono a comportarci in modo molto diverso da come vorremmo. Rendersi conto di questo è già una grande conquista.
Ovviamente, non tutti i meccanismi inconsci ci danneggiano. Molte delle azioni che compiamo ogni giorno sono automatiche. Siamo in grado di camminare o di guidare un'auto senza dover pensare a ciò che stiamo facendo. Grazie al cielo non siamo coscienti della pressione che esercitiamo con il piede ogni volta che schiacciamo il pedale del freno! Se non fosse così sarebbe davvero estenuante, perché rimarremmo degli eterni apprendisti.
Una volta assimilata una procedura, essa diventa automatica e siamo in grado di eseguirla in modo sostanzialmente inconscio. Lo stesso meccanismo vale

anche per le cose in cui crediamo e per tutti gli altri schemi mentali che, a forza di essere ripetuti, si perpetuano inconsciamente e finiscono per manifestarsi attraverso eventi non desiderati.
Senza scomodare la psicoanalisi, qualche semplice esercizio per imparare a vivere in modo cosciente ci sarà di grande aiuto. A tal fine, le camminate meditative o qualunque altra forma di meditazione possono rivelarsi molto utili. Praticando la meditazione ogni giorno, o quasi, impareremo a essere coscienti di ogni singola azione e di ogni singolo pensiero della nostra vita.
Il semplice fatto di osservare ciò che siamo e ciò che facciamo, anche se non ci consentirà di risalire all'origine delle nostre emozioni, ci aiuterà a vivere sensazioni nuove. Aprirsi e accogliere le cose così come sono, qui e ora, significa togliere forza ai nostri riflessi condizionati.

Convivere con il caos

«Il pregiudizio fondamentale consiste nel ritenere che l'ordine, la chiarezza, la sistematicità riguardino il vero essere delle cose, mentre al contrario il disordine, il caos, l'imprevedibile si manifestano solo in un mondo falso o incompletamente conosciuto.» F. Nietzsche

Secondo la scienza, la teoria del caos ha dimostrato che nel mondo non esiste una predicibilità deterministica. Tuttavia, è assodato che un sistema caotico non è un sistema completamente privo di regole in cui tutto può accadere in qualunque momento. Sotto questo caos apparente, in realtà, si nasconde un ordine molto rigoroso.

Il cigno nero

Una decina d'anni fa, Nassim Nicholas Taleb ha scritto un libro, *Il cigno nero*, diventato un best seller mondiale. In quest'opera, l'autore si occupa del tema del futuro e mette in luce l'ostinazione degli uomini a voler predire l'avvenire sulla base di quanto accaduto in passato. Taleb ha applicato la sua teoria al mondo della finanza, ma essa è valida per qualunque tipo di previsione.
L'autore definisce «cigno nero» un evento imprevedibile che ha pochissime probabilità di verificarsi – un «evento raro», secondo la teoria delle probabilità –, ma che, qualora si verificasse, avrebbe conseguenze di proporzioni eccezionali.
Il nome della teoria allude al fatto che, in Occidente, l'affermazione «tutti i cigni sono bianchi» fosse ritenuta indiscutibile... finché un giorno non si scoprì l'esistenza dei cigni neri australiani!
Sulla base di quanto vissuto in passato, gli uomini sentono il bisogno di proteggersi e di mettere «in cassaforte» il proprio futuro tutelandosi attraverso contratti di ogni genere. Non dico che le esperienze passate non siano utili per fare progetti sul futuro, ma non devono indurci a pensare di poterlo controllare completamen-

te. Malgrado le nostre pretese, il futuro non si può prevedere. La vita è caos, e anche se questo caos forse ha una logica rimane pur sempre caos. Sarebbe un errore illudersi di poter controllare il futuro a colpi di statistiche e di probabilità, soprattutto se tutto ciò che c'interessa è realizzare i nostri piccoli e insignificanti desideri personali.
Gli esseri umani detestano gli imprevisti. Nel 1912, il filosofo Bertrand Russell, nei suoi *Problemi della filosofia*, ha affrontato tre interrogativi fondamentali per l'uomo:

- Da dove vengono le nostre conoscenze?
- Il passato può aiutarci a prevedere il futuro?
- Per quale motivo non ci aspettiamo mai che si verifichi un imprevisto?

Ecco la sua risposta: «Un pollo che riceve ogni giorno del becchime si aspetta di continuare a ricevere quel becchime anche i giorni successivi. Con il passare del tempo, la sua fiducia nell'uomo che lo nutre si rafforza. Nulla, nella vita di quel pollo, sembra indicare che un giorno verrà abbattuto».

Tutto questo per dire che, prima o poi, caos e imprevisti finiranno per bussare alla nostra porta e che, malgrado tutti i nostri sforzi, non potremo mai controllare ogni aspetto della nostra vita. Soprattutto se fondiamo le nostre previsioni su false certezze, come il povero pollo del brano appena citato!

A questo punto, è interessante notare che gli orientali hanno un modo completamente diverso di affrontare la questione. Per loro, controllare il futuro non è importante. Ispirandoci agli insegnamenti di Lao Tse, anche noi dovremmo imparare ad accettare le cose così come sono e a vivere nel Tao, e cioè diventare parte integrante della «ruota» smettendo di lottare ostinatamente contro ciò che ai nostri occhi è inaccettabile.

L'universo caotico in cui viviamo forse non è caotico come crediamo. Penso che dovremmo prenderne atto e modificare un po' il nostro modo di guardare alla vita. Accettare il caos che inevitabilmente s'intromette nei nostri progetti significa comprendere che esso è parte dell'ordine naturale delle cose e, forse, riconoscere che dietro di esso si nasconde un equilibrio perfetto, un equilibrio che tuttavia ci sfugge. Il nostro intelletto si troverebbe dunque a mediare tra l'equilibrio relativo in cui viviamo e la parziale mancanza di equilibrio che continuamente sconvolge i nostri piani.

Raggiungere l'«equilibrio», se così possiamo definirlo, forse significa smettere di lottare contro il caos e contro tutto ciò che ostacola i progetti che abbiamo elaborato con tanta cura.

Alla luce di tutto ciò, che cosa ne direste di «programmare» di quando in quando una giornata priva di programmi? Di decidere, una volta tanto, di non organizzare la giornata secondo i soliti schemi, di non lottare contro tutto e tutti e accettare semplicemente ciò che ci succede? Un po' come se fossimo in vacanza (anche se persino in vacanza non resistiamo all'impulso di organizzare e controllare tutto). È un approccio sorprendentemente liberatorio, che apre un enorme ventaglio di possibilità nuove.

La vita è fatta d'infinite opportunità; sarebbe un vero peccato lasciarsele sfuggire solo perché abbiamo pianificato e inquadrato ogni minuto delle nostre giornate. Lasciamo un po' di spazio per gli imprevisti... e per il caos! Concedersi una passeggiata solitaria di un'ora può rivelarsi un ottimo modo per guadagnare un po' di distacco dalle cose, un distacco indispensabile per essere consapevoli del ritmo infernale che imponiamo alle nostre vite. Certe volte, ci lasciamo talmente trascinare dal flusso ininterrotto degli impegni che, senza rendercene conto, finiamo per vivere come dei robot. Se invece ci impegneremo a camminare ogni giorno, anche solo per mezz'ora, potremo prendere la giusta distanza dalla nostra vita e vederla con occhi nuovi.

Siamo su una canoa in mezzo a un fiume. Ci lasciamo guidare dalla corrente, che a tratti è tranquilla, a tratti agitata. A bordo della nostra vita, non abbiamo altra scelta che accettare i capricci del fiume.

L'impermanenza delle cose

La natura è il luogo ideale per rendersi conto dell'impermanenza delle cose. Se osserviamo con attenzione ciò che ci circonda mentre camminiamo su un sentiero, noteremo che tutto cambia e si trasforma di continuo. Nulla è statico. Persino la roccia, sotto la sua apparenza inerte, nasconde un grande fermento energetico, un vero e proprio ribollire di atomi ed elettroni. Ma, limitandoci a ciò che possiamo vedere, basta osservare le foglie e i rami secchi: non appena toccano terra, insetti e batteri si attivano dando luogo a una serie impressionante di trasformazioni. La realtà non è che un perenne divenire.

Questi continui cambiamenti sono molto destabilizzanti per la nostra mente e la nostra affettività, che invece sono alla ricerca di punti fermi. A dirla tutta, i cambiamenti ci appaiono così faticosi e sconvolgenti che preferiamo impantanarci in una quotidianità tremendamente monotona. Spaventati dalle sorprese che la vita potrebbe riservarci, mettiamo tutto sotto chiave. Ci assicuriamo contro qualunque tipo d'imprevisto – o quasi –; ci chiudiamo nel «bunker» dell'abitudine e della ripetitività, perché soltanto così ci sentiamo protetti. Siamo talmente terrorizzati all'idea che i nostri progetti o i nostri successi si volatilizzino per colpa di uno «scherzo del destino» o di un insuccesso personale che non ci rendiamo conto che la natura è, in un certo senso, perfettamente instabile. Le cose si creano, si distruggono, si creano di nuovo... insomma, tutto è in continuo mutamento. Le cose che accadono sono inevitabili. E se la vita ci dà uno schiaffo, smettiamola di farne un dramma.

Ciò che conta è imparare a vivere la realtà dell'istante.

Focalizzarsi sul presente e sui cambiamenti futuri. Accettare l'incertezza e l'impermanenza delle cose e andare incontro a braccia aperte alle meravigliose possibilità che ogni giornata ci offre. Vivere la vita come un gioco e capire che il mondo è fatto d'infinite possibilità. Raggiungere lo spazio di tranquillità racchiuso dentro ognuno di noi e abbandonarsi alla contemplazione della gioia del divenire.

Credere che il mondo materiale sia immutabile è un'illusione. Da quando avete iniziato a leggere questo libro, il vostro corpo è già notevolmente cambiato: migliaia di cellule sono morte e quasi altrettante sono nate. E anche nelle vostre vite ci saranno stati chissà quanti cambiamenti.

Quando passeggiate su una spiaggia, fate caso alla natura mutevole del mare. Se vi trovate in un bosco, osservate le chiome degli alberi che si trasformano seguendo il ritmo delle stagioni o l'acqua che scorre in un ruscello.

Prendere atto di questo significa accettare che la nostra vita non potrà mai essere il lungo fiume immutabile che abbiamo immaginato. E significa anche capire che non serve a niente chiudere tutto sotto chiave e barricarsi dietro il muro dell'indignazione. Ogni contratto di assicurazione che sottoscriviamo – sulla nostra salute, sulla nostra ascesa sociale e professionale e persino sulle nostre storie d'amore – non fa che alimentare le nostre paure. Tutto ciò che dobbiamo fare è accettare il concetto d'impermanenza.

Tutti noi siamo alla ricerca di un equilibrio. Vorremmo che la nostra vita continuasse ad andare sempre allo stesso modo, secondo uno schema che ci siamo autoimposti. Respingiamo categoricamente qualunque cosa possa offuscare l'immagine idealizzata che abbiamo del nostro futuro. A livello inconscio, vorremmo sempre essere padroni della situazione e che qualunque avvenimento avesse un effetto positivo su di noi. Soltanto in questo modo – ci illudiamo – potremmo essere veramente sereni e felici.

Ma la vita non funziona così. Nonostante i nostri sforzi per indirizzarla come vogliamo, i suoi sviluppi sono guidati dal caos. Il bene coesiste con il male e il basso con l'alto. La nostra esistenza non è che un continuo oscillare tra un equilibrio relativo e un'instabilità parziale. La perfezione così come di solito la intendiamo non esiste. Solo quando l'avremo accettato potremo andare alla ricerca della vera perfezione.

Per questo è importante capire che il nostro stato d'animo di ieri non sarà lo stesso di domani, anche se praticando regolarmente la meditazione potremo acquisire un certo equilibrio e instaurare, dentro di noi, una serenità duratura.

Nel frattempo, però, poiché non abbiamo ancora risolto tutti i nostri conflitti interiori e inconsci, il nostro stato d'animo è volubile e dipende da ciò che ci accade. Ricevere una brutta notizia al risveglio rovina il nostro buonumore mattutino. Ma c'è di peggio: gli sbalzi d'umore apparentemente immotivati. Tali sbalzi sono provocati

da conflitti inconsci irrisolti. Di fronte a questo, dobbiamo accettare di non essere completamente liberi dalle paure e dalle ferite più profonde della nostra psiche.
Oggi potrei svegliarmi di umore contemplativo, domani potrei provare una gioia profonda e dopodomani invece sentirmi nervoso e irrequieto. I ritmi frenetici imposti dalla società di certo non ci facilitano le cose. Gli impegni quotidiani a volte hanno la meglio sui nostri propositi, ed è normale che sia così. L'importante è esserne consapevoli e non entrare in conflitto con se stessi.
Swami Prajnanpad diceva:
«È successo qualcosa... Sì, è così».
«... Ti è capitata una cosa spiacevole? Abbracciala e prendine possesso. Se un evento non ti piace, liberatene e, se non puoi farlo, allora accettalo e abbraccialo.»
Accettare le cose così come sono nel presente ovviamente non significa che non bisogna affrontarle, ma che bisogna farlo con un approccio intelligente, un approccio che prima di tutto passi dalla riconciliazione con il mondo e con se stessi.

L'interdipendenza

Tutti noi siamo legati a ciò che ci circonda da un rapporto di dipendenza reciproca. Interagiamo con gli altri esseri umani, ma anche con la natura e con tutto il creato. Non potremmo esistere senza tutto il resto. Non c'è cosa che non dipenda dalle altre.

Il foglio di carta che avete davanti agli occhi non esisterebbe se non esistessero anche la cartiera, il taglialegna, l'albero, la pioggia, il sole, il sistema solare eccetera. Difficile non imbattersi in almeno una delle cose che hanno fatto sì che questo foglio di carta sia ora qui davanti ai vostri occhi. La lista potrebbe rivelarsi piuttosto lunga!

Perciò, anche un oggetto insignificante come un foglio di carta contiene una gran quantità di cose. Così come l'atomo che contiene in sé tutto l'universo, o se non altro il suo disegno.

Viviamo in un sistema fatto di legami reciproci, di rapporti di causa ed effetto e di scambi d'informazioni. Tutti quanti apparteniamo l'uno all'altro e, se acconsentiremo ad aprire anche solo un poco la nostra coscienza, scopriremo che facciamo tutti parte di una grande famiglia e che non potremo mai essere felici contando solo su noi stessi e soprattutto sulla soddisfazione del nostro ego. Riflettere su questo concetto significa già donare alla nostra vita una dimensione nuova.

Ognuno di noi può sperimentare questo senso di appartenenza al mondo e provare la gioia dell'interdipendenza.

Lasciarsi amare dalla vita

«L'istante presente è il campo in cui si svolge il gioco della vita. Non c'è altro luogo in cui esso può avvenire.

Quando avrete fatto pace con l'istante presente, osservate ciò che accade, ciò che potete scegliere di fare o piuttosto ciò che la vita fa attraverso di voi. Il segreto dell'arte di vivere, il segreto del successo e della felicità, si riassume in cinque parole: essere uno con la vita. Essere una cosa sola con la vita è essere una cosa sola con l'istante presente. Solo allora capirete che non siete voi a vivere la vita, ma è la vita che vive voi. La vita è il danzatore e voi siete la danza.» Eckhart Tolle, *Un nuovo mondo*.

Siamo soliti augurare alle persone cui vogliamo bene la più grande felicità possibile. Per farlo, le invitiamo ad amare la vita, insomma a essere felici. «Ama la vita, ama te stesso, ama quella persona, ama questo, ama quello», e così via.
Amare se stessi e il proprio prossimo, oltre a essere un precetto che accomuna ogni morale, religiosa o meno, è anche il principio alla base di qualunque forma di armonia. E se, oltre ad amare, decidessimo anche di lasciarci amare dalla vita? Se accettassimo semplicemente che la vita, la grande coreografia in cui danziamo, ci ama alla follia?
Questo amore che si libra sopra le nostre teste come un velo benevolo è un po' come un angelo custode che veglia su di noi. Qualcuno penserà che sia solo un trucco per sentirci rassicurati di fronte alle nostre incertezze e paure. Io invece preferisco pensare che tutti noi possiamo contare su questa consapevolezza

e su questa fiducia nella vita, una fiducia che va ben al di là delle speranze che possiamo nutrire nella vita quotidiana. Che ognuno di noi possa fare affidamento sulla convinzione intima che ci sia davvero qualcosa di buono che ci protegge.
Lasciar andare, abbandonarsi alla vita e accettare tutto l'amore che ha da darci, non è forse questo il modo migliore per amare e vivere davvero la propria vita?

Smettere d'inseguire la felicità

Tutti noi abbiamo un'infinità di esigenze di ogni tipo, da quelle fondamentali alle più superficiali. È perfettamente naturale. Ma anche se riuscissimo a soddisfarle quasi tutte, ci sarà sempre un granellino di sabbia che c'impedirà di sentirci pienamente e incondizionatamente felici. Dentro di noi c'è un vuoto che non potrà mai essere colmato: un'idea di felicità perfetta, che non tollera neppure la più piccola imperfezione.
Diceva il Buddha: «La nostra idea di felicità è la causa della nostra infelicità». E Edith Wharton: «Se solo smettessimo di voler essere felici a tutti i costi, forse riusciremmo a goderci la vita!». In altre parole, se vogliamo raggiungere la serenità, dobbiamo lasciarla in pace!
E se finora ci fossimo fatti un'idea sbagliata della felicità? Che cos'è in fondo la felicità? Ne esiste una forma sola o ne esistono diverse? Spesso tendiamo a

pensare alla felicità come a un posto sicuro in cui stare comodamente seduti al riparo dalle avversità, in una specie di mondo perfetto. Facciamo di tutto per allontanare qualunque cosa possa minacciare il nostro ideale di felicità. Ma finché non faremo i conti con il caos ordinato della vita e con l'impermanenza delle cose che tanto ci spaventa, non potremo mai essere davvero felici.

Tutto ciò che esiste adesso, un giorno non ci sarà più. Non può che essere così. Allora, tanto vale non attaccarcisi troppo. Le avversità fanno parte della vita, e non è affatto detto che soddisfare ogni nostro desiderio ci assicuri una felicità duratura. La gioia e la pace consistono anche nel saper accettare e accogliere gli eventi della vita, belli o brutti che siano.

Come diceva Arnaud Desjardins: «È meglio guarire dall'ego che guarire l'ego». Andare alla ricerca della verità è gratificante, ma trovarla lo è ancora di più, perché essa ci consente di superare le tentazioni dell'ego. La nostra guarigione passa attraverso ciò che ci accade qui, ora, e attraverso il nostro modo di percepirlo. Il segreto è tutto qui, non c'è nient'altro. In definitiva, dobbiamo soltanto apprendere l'arte di desiderare e di sentirci soddisfatti di ciò che già abbiamo, perché abbiamo già tutto nell'istante che stiamo vivendo. Ed è proprio qui che comincia la parte difficile, perché il nostro ego non capisce questa magia, e non importa se abbiamo cinque limousine, tre ville con piscina e abbiamo fatto dieci volte il giro del mondo, lui continuerà a presentarci il conto e a chiederci di riempire il vaso delle Danaidi dei nostri desideri, che perde acqua da tutte le parti. Smettiamola d'inseguire la felicità e cominciamo a essere felici adesso, in questo istante in cui, liberi dai nostri progetti e dagli ideali astratti, ogni cosa è completa!

SULL'ARTE DI CAMMINARE

Non ho resistito alla tentazione di condividere con voi alcune massime di uomini e donne particolarmente ispirati.
Socrate camminava per le vie di Atene. Rousseau diceva: «I nostri primi maestri di filosofia sono i piedi» e Kant non riusciva a riflettere senza la sua passeggiata quotidiana. Moltissimi scrittori, saggi, scienziati e altri personaggi importanti hanno tratto ispirazione dalle loro camminate meditative.

«Il vero miracolo non è camminare sulle acque o volare nell'aria, ma camminare sulla terra.» Hui Neng, monaco buddhista cinese, patriarca della scuola Chan (638-713)

*

«In fondo, passeggiare è un modo per parlare con se stessi.» Chantal Thomas

*

«Se non riesci a pensare, cammina; se pensi troppo, cammina; se pensi male, cammina ancora.» Jean Giono

*

«Camminare non è una semplice attività terapeutica, ma un'attività poetica che può guarire il mondo dai suoi mali.» Bruce Chatwin, *Che ci faccio qui?*

*

«Camminare significa trovare il tempo per vivere, per guardare, per spalancare i propri sensi alla diversità e sentire i minuti e le ore scivolare sulla pelle. Quando il corpo accetta la propria fatica, respiro e movimento si alleano, liberando il pensiero che così può fondersi pienamente con il presente.» Julie Baudin e David Ducoin, *Zanskar intime*

*

«Solo i pensieri nati camminando hanno valore.»
Nietzsche, *Crepuscolo degli idoli*

*

«L'uomo dappoco respira con la gola, l'uomo vero respira con i talloni.» Precetto cinese

*

«Camminare placa. Camminare ha un potere benefico. L'atto di posare un piede davanti all'altro ritmicamente mentre si muovono le braccia, la frequenza respiratoria che aumenta, la lieve stimolazione del battito cardiaco, le attività degli occhi e delle orecchie indispensabili per stabilire la direzione e mantenere l'equilibrio, l'aria che sfiora la pelle: tutti questi fenomeni contribuiscono a unire il corpo alla mente e fanno sì che l'anima, sebbene illanguidita e prostrata, possa crescere e ritrovare la propria libertà.» Patrick Süskind, *Il piccione*

*

Un vecchio saggio ha affermato: «L'uomo giovane cammina più veloce dell'uomo anziano. Ma l'anziano conosce la via».

*

«Se un uomo vuole essere certo della strada che deve percorrere, deve chiudere gli occhi e camminare nel buio.» San Giovanni della Croce

*

«L'uomo deve liberarsi del peso del lavoro che lo zelo e l'urgenza hanno portato all'eccesso, al punto che l'individuo non ha più tempo per riflettere su se stesso e sul senso della propria vita.» Seneca, duemila anni fa...

*

«Il bambino cammina con gioia, senza pensare alla strada; crede che sia infinita, poiché non ne vede la fine.» Alfred de Musset, *Les vœux stériles*

*

«Camminare...
Camminare: mettersi in cammino e lasciare che il ritmo dei passi apra un nuovo spazio nelle nostre vite, talvolta così logoranti.
Camminare: lasciare che il silenzio e la serenità aprano la nostra mente e il nostro cuore permettendo loro di ascoltare la parte migliore di noi, di ascoltare un Altro.
Camminare: sentire nei polmoni la terra e il cielo e assaggiare il sapore ritrovato dell'essenziale, dell'unità che nasce dalla semplicità di ciò che è.
Camminare: realtà che lascia presagire il movimento della vita stessa. Basta così poco a farci sentire troppo carichi...»
Suor Monique Gugenberger, superiora generale del convento delle Suore della Divina Provvidenza di Ribeauvillé

*

«Se praticata con consapevolezza, la camminata è probabilmente l'atto più rigenerante e l'esercizio fisico migliore che esista.» Yvan Amar

*

«Senza meditazione, siamo ciechi in un mondo di grande bellezza, pieno di luci e colori.» Jiddu Krishnamurti, *La sola rivoluzione*

PER CONCLUDERE

Come abbiamo visto nel corso di questo libro, la camminata meditativa, così come qualunque altra forma di meditazione, ci aiuta a ricentrarci, e lo fa insegnandoci tre cose fondamentali:

- radicarci nel presente;
- sentire con consapevolezza;
- aprirci al mondo così com'è veramente.

Il presente è il luogo in cui tutto accade. Che senso ha proiettarsi continuamente nel passato o nel futuro e dimenticare l'unico momento che conta? Che senso ha sperare che la vita si manifesti in tutto il suo splendore, se poi la rinchiudiamo in un orizzonte ristretto fatto di proiezioni, di paure e di condizionamenti?
Per spalancare le porte del presente dobbiamo capire che tutto comincia adesso, nel momento stesso in cui respiriamo. L'essenziale è qui, in questo spazio infinito che troppo spesso rimane schiacciato tra passato e futuro. La perfezione esiste solo in questo spazio; non si trova né nella nostra memoria, né nei condizionamenti esterni, né nei calcoli, né nei ragionamenti e ancor meno nelle nostre paure. Non si può dare un nome all'aria che respiriamo, alla vita che scorre dentro di noi; a questo

spazio quasi impercettibile in cui la nostra vita lascia il posto alla Vita. In cui la vita ci vive; in cui noi veniamo vissuti. Vivendo le cose con consapevolezza togliamo spazio alle reazioni istintive innescate dai molteplici condizionamenti che subiamo fin da piccoli. In questo modo, possiamo scollegare il «pilota automatico» che ci fa andare avanti senza nemmeno rendercene conto. Possiamo cominciare a vivere e a vedere la vita con occhi diversi. Veniamo proiettati in una realtà completamente nuova. Una realtà in cui le cose accadono, qui e ora. Soltanto così possiamo contemplare davvero il mondo. Meditare camminando ci consente di riallacciare il legame con la natura, un legame così forte da farci sentire parte integrante di essa. Non ci rendiamo veramente conto di quanto la natura possa renderci ricchi. Essa è sia una fonte d'ispirazione, sia uno specchio e una risposta ai nostri dubbi. Fondersi con la natura significa fondersi con la vita e con il suo immenso microcosmo. Soltanto capendo questa cosa possiamo davvero comprendere che, più che amare noi stessi, noi amiamo la vita e ciò che ci circonda, semplicemente. Come diceva il filosofo greco Eraclito: «La natura ama nascondersi». Sta a noi scoprirla, negli alberi, nei fiori, negli uccelli. E anche dentro di noi, lì dov'è racchiusa la nostra vera natura. Se la praticheremo con regolarità, la meditazione in cammino ci permetterà di accedere alla serenità della mente e dell'animo cui aspiriamo. Ci aiuterà a riscoprire la consapevolezza di esistere in ogni singolo passo che facciamo e ci donerà una tranquillità sempre più

profonda e radicata, una pace duratura che ci preserverà dal dualismo tra ciò che è piacevole e ciò che non lo è, tra ciò che abbiamo e ciò che ci manca.
Abbiamo tutto, non ci manca nulla. Basta saper vivere in ogni singolo passo. La vita è semplicissima, a patto di liberarsi del superfluo e di lasciarsi pervadere dal suo mistero. C'è solo un giorno per vivere e per crescere, ed è oggi, è adesso.

Ora, immaginate...
State camminando. Vi abbandonate alla lentezza della passeggiata meditativa, allo stupore del camminare. Le vostre orecchie si nutrono di tutti i rumori della natura e del silenzio dei luoghi solitari. Il vostro sguardo si posa sugli alberi e si perde dentro di voi, alla ricerca della serenità. Gli occhi abbracciano tutta la realtà circostante. La vostra anima è finalmente in pace. Il tempo si distende come un elastico, pronto a spezzarsi da un momento all'altro per proiettarvi fuori dal tempo, verso ciò che non ha nome.
Vi incamminate su un sentiero. Esplorate montagne, pianure sconfinate, deserti. Vi trasformate in avventurieri pronti ad affrontare ogni sfida, purché venga da dentro di voi. Dal gran deserto sabbioso australiano fino alle cime impervie di Machu Picchu, v'inebriate di bellezza, di panorami, di volti, di sensazioni nuove. Ma queste esperienze non andranno ad arricchire i vostri racconti di viaggio, non vi serviranno per sfuggire alla noia o al vuoto che avete dentro, al contrario: voi quel

vuoto lo riempite, e gustate il piacere di queste esperienze nel momento stesso in cui le vivete.
Siete consapevoli che l'esperienza più preziosa potrebbe essere quella fatta nel bosco vicino a casa, proprio perché è accessibile e fa parte della più banale quotidianità. Gandhi vi bisbiglia all'orecchio la sua celebre massima: «Il più grande viaggiatore non è quello che fa dieci volte il giro del mondo, ma quello che fa una volta sola il giro di se stesso».
Proprio perché non vi trovate in capo al mondo a esplorare le meraviglie del pianeta, camminate serenamente nel piccolo bosco accanto a casa vostra. Ed è qui che vivete ciò che potremmo chiamare la dissoluzione dell'animo, o più precisamente della mente. Quel momento particolare in cui, in uno stato di meditazione o di rilassamento profondo, con la mente che infine si è lasciata andare, l'animo si sfalda e sembra dissolversi nello spazio circostante.
Sperimentate allora una sensazione molto particolare che non potete analizzare, perché in questo momento non c'è nessuno con cui parlare. Mente ed ego sono come disgregati. Non rimane altro che ciò che non ha nome, e cioè il nulla! Ma in questo nulla è racchiusa ogni cosa. L'essenza stessa dell'esistere, in cui non c'è né osservatore, né osservato, né ragionamento, né senso critico, soltanto la consapevolezza di esistere, semplicemente, senza artifici.
In questi momenti di grazia, gli alberi perdono la loro forma, si mostrano come un tutto indistinto. Il bosco

vi travolge. Venite inspirati dal grande polmone della natura. Nulla può essere nominato e ancor meno analizzato. Non siete più un individuo che cammina in un bosco, ma un essere che viene camminato, respirato e trascinato nella vita. Non potete descrivere questo momento, perché la sede del vostro pensiero ha smesso di funzionare. Al massimo, in seguito, potrete dire che è stata un'esperienza estremamente piacevole. In realtà, non esiste nient'altro che l'amore che discende naturalmente da ciò che è, qui e ora.

Adesso comprendete che uno stato di estasi come questo non si può raggiungere semplicemente desiderandolo. Che nessuno può ordinare alla propria mente di vivere questo senso di pace, neppure il più grande maestro di meditazione. Non potete fare altro che sperare che questo stato si degni di visitarvi di nuovo, affinché possiate accoglierlo un'altra volta. Potete solo lasciare a questa grazia lo spazio necessario per materializzarsi, uno spazio fatto di silenzio, tranquillità e serenità della mente.

Questa esperienza non è che l'inizio di una nuova avventura interiore. E anche se nulla v'impedisce di girare il mondo ed esplorare a piedi ogni angolo del pianeta, ora avete imparato una cosa fondamentale: ovunque vi troviate, ovunque andiate, potrete contare su questa pace. Essa è dentro di voi. Intoccabile, inviolabile, inattaccabile.

Avete ormai dimenticato l'ossessione della prestazione. Tutto ciò che esiste, ora, è il puro piacere della scoperta e dell'incontro con voi stessi. Vi rendete conto che avete un solo modo per superare voi stessi, e non è spingere la vostra volontà, la vostra mente o il vostro corpo oltre i limiti, ma contemplare semplicemente i vostri passi che, uno dopo l'altro, vi conducono verso la vostra meta. Un luogo sicuro, in cui nulla può scalfirvi. Un luogo in cui semplicità e benessere profondo sono una sola cosa.

Non siete voi a vivere la vostra vita: ora, è la vostra vita a vivere voi. È questa, semplicemente, la vostra nuova vita. Adesso siete in grado di lavare i piatti, di zappare l'orto e di fare un sacco di altre cose senza che nessuna di queste azioni s'imponga sull'altra. Non bisogna respingere nulla, tutto è pura realizzazione, dal gesto più banale al fatto più sbalorditivo. Da una semplice passeggiata, da un incontro, da una pennellata, da un colpo di scopa, dall'acqua che bagna le vostre mani nel lavandino, scaturisce la gioia. Una gioia che abbraccia tutto, senza esclusione. Piaceri, dolori, scatti d'ira, rancori... non tralascia nulla.

Come una marionetta felice ed entusiasta di vivere, lasciate che i fili si tendano e si allentino. A muoverli è qualcosa che sta in alto, qualcosa di più grande di voi. Non siete altro che un essere vivente, un essere radiosamente vivo, governato dal sale della vita. Pensieri e debolezze passeggeri continueranno ad attraversare la vostra esistenza, ma voi non permetterete loro di influenzarla. È così che va la vita, con la sua ineliminabile dose di mistero.

Annotazioni

Annotazioni

Annotazioni

Annotazioni

Annotazioni

LA COLLANA VALLARDI SAKURA

Kakuho Aoe • *La cucina del monaco buddhista*

Clair Brown • *L'economia del Buddha*

Toshimichi Hasegawa • *Manuale di un monaco buddhista per raggiungere l'illuminazione*

Kotarō Hisui • *L'inno buddhista alla vita*

Emiko Katō • *La leggerezza del poco*

Emiko Katō • *L'eleganza dell'anima*

Emiko Katō • *Le regole dell'armonia*

Brian R. Keating – Kim Long • *L'arte della tazza perfetta*

Ryūnosuke Koike • *Felici senza Ferrari*

Ryūnosuke Koike • *Manuale di un monaco buddhista per abbandonare la rabbia*

Marie Kondo • *Il magico potere del riordino*

Marie Kondo • *La magia del riordino*

Marie Kondo • *96 lezioni di felicità*

Marc Lestal • *Kin-hin. Meditare camminando*

Dominique Loreau • *L'arte delle liste*

Dominique Loreau • *L'infinitamente poco*

Dominique Loreau • *Vivere in piccolo*

Keisuke Matsumoto • *Manuale di pulizie di un monaco buddhista*

Keisuke Matsumoto • *Manuale di un monaco buddhista per liberarsi dal rumore del mondo*

Keisuke Matsumoto • *Manuale di un monaco buddhista per sconfiggere la paura degli altri*

Yoshinori Nagumo • *Il magico potere del digiuno*

Roberta Schira • *La gioia del riordino in cucina*

James Shūichi Nakano • *I favolosi benefici dello stretching*

Nansen Oshō • *Lezioni del Buddha per raggiungere la serenità in 3 mesi*

Seigaku • *Lo zen e l'arte di mangiar bene*

Kiyohiko Shimazu • ***Manuale di un monaco buddhista per avere successo sul lavoro***

Haruhiko Shiratori • ***Per una mente libera***

Haruhiko Shiratori • ***Il risveglio del drago***

Masato Tanaka • ***La meravigliosa vita dei filosofi***

Nagisa Tatsumi • ***L'arte di buttare***

Nagisa Tatsumi • ***L'arte di insegnare il riordino ai bambini***

Mario Tauchi • ***Colouring Sakura***

Finito di stampare
nel mese di marzo 2018
da Grafica Veneta s.p.a.
Trebaseleghe (PD)